LES BAMBOUS.

NEVERS,

PAULIN FAY, IMPRIMEUR DE L'ÉVÈCHÉ, ETC.,

Place de la Halle et rue du Rempart, 1.

LES
BAMBOUS

FABLES DE LA FONTAINE

TRAVESTIES EN PATOIS CRÉOLE,

PAR UN VIEUX COMMANDEUR.

Nouvelle Édition.

On ne considère en France que ce
qui plaît......
(LA FONTAINE).

FORT-DE-FRANCE

(MARTINIQUE),

Librairie de FRÉDÉRIC THOMAS,

Rue Saint-Denis.

1869

DÉDICACE.

—

A CELLES

DE MES JOLIES COMPATRIOTES

QUI N'ONT PAS OUBLIÉ

LE DOUX PARLER

DE NOTRE ENFANCE.

Ces fables furent imprimées à la Martinique, pour la première fois, en 1846. Elles avaient été composées, quelques années auparavant, pour récréer un petit cercle d'amis; mais ceux-ci, avec toutes les aimables exigences auxquelles l'amitié donne un droit indiscutable, en demandèrent la publication. Il fallut céder à leurs instances, et le succès des *Bambous* fut d'autant plus grand que l'auteur y avait moins prétendu.

Depuis long-temps une nouvelle édition était réclamée. L'auteur pensait à revoir son œuvre; mais les hautes fonctions administratives qu'il remplit pendant les dernières années de sa vie, à la Guadeloupe et à la Réunion, ne lui ont point laissé le temps de réaliser ce dessein. Aujourd'hui, nous donnons suite à son projet en publiant de nouveau ces *Bambous* que l'opinion publique a déclarés dignes de survivre à leur auteur [1].

---

[1] *Moniteur de la Réunion*, 3 novembre 1866. — Nécrologie de M. Marbot, commissaire de la marine, ordonnateur.

Cette édition différera peu de la précédente, parce que nous n'avons trouvé que des notes incomplètes. Nous sommes heureux néanmoins de répondre au désir que nos compatriotes nous ont exprimé ; et nous aurons atteint notre but si ces fables peuvent contribuer encore à entretenir dans nos chères Antilles l'aimable et franche gaieté qui est de bonne tradition chez les créoles. L'auteur n'avait pas d'autre pensée, et il le disait fort bien dans une poésie inédite :

C'est pas pou l'intérêt ! Khé moin va bien content,
Si ça moin va pé dit fé zott montré dents blancs.

Nevers, le 1er février 1869.

PROLOGUE.

Zott toutt, nèg maite moin, semblé :
Moin ni conte pou moin conté
Ba zott. Faut couté yo bien,
Si zott vlé sauvé chagrin.
Ça moin ka dit zott couté
C'est bagage faite pou béké.
Nhomme qui, les-autt-fois, fè ça
Pas té yon péchè couquia
Ni yon mangè macriau (1),
C'était yon nhomme com i faut
Yo té crié La Fontaine.
Ça fè moin même prend lapeine,
Com, grace à Dié ! moin save li,
Vini oti zott pou dit
Tout ça moin trouvé ladans,
Pou empéché zott méchans.
Si dans khè zott ça rété
Zott pas ka lé si mauvais :
Bouè tafia, marron dans bois,
Fè sòcié évec quinbois (2),

Empouésonnein bef béké,
Mangé tè, fè toutt métié
Toutt mauvais nèg tini soin
Fè, pou baille maîte yo tintoin.
Zott va vouè, tout clè com jou,
Moune malhéré tout-patout,
Comben zott doué prend patience;
Piss dans Guinein com en France,
Toutt chritien, yo ka souffri
Com si yo té race maudit!
Pouloss si zott vouè béké
Ka souffri en France, jigé
Si nèg doué, lassous la tè,
Mimiré à cause malhè!

Nèg, béké, toutt doué souffri (3);
Dans joupa com dans soucri
Chaquin doué, à cause bon Dié,
Prend toutt à la volonté.
C'est moyen pou nous rendi,
Quand nous mò, dans paradis.

LES BAMBOUS.

LA CIGALE ET LA FOURMI.

Yon cigale y té tini,
Qui toujou té ka chanté ;
Y té tini yon frommi
Côté li té ka rété.
Yon jou cigale té ni faim ;
Li ka chaché mòceau pain ;
Li allé dit frommi là :
« Ba moin ti brin mangé, m'a
Ranne ou quand moin va trouvé
Quéchose qui bon pou mangé. »
(Zott save frommi pas aimein
Prêté ni longé lamain.)

Li dit cigale : « Chè doudoux,
Ça ou ka fè tout les jou
Pou ou pas tini mangé? »
Cigale dit : « Moin ka chanté
Quand yo ka dansé bèlè. »
— « Anh! anh! ou ka chanté, chè,
Ça fè ou pas tini d'autt
Métié? eh! ben, chè cocott,
Si ou faim, dans bamboula
Allé dansé caleinda. »

C'est pou ça yo ka dit zott
Quand yon moune ka fié compté
Lassous canari yon lautt,
Li pé rété sans soupé.

LE CORBEAU ET LE RENARD.

Compè còbeau té vòlò
Yon bel gros fromage tête-mò,
Dans bec li té quinbé li.
Fromage là té ka senti !
Compè rina ka passé,
Vouè compè còbeau posé
Lassous yon branche bois, li dit :
Moin ni yon bon lappétit ;
Fromage là ni bon lodè ;
Si moin té pé ni bonhè
Trappé li, moin ta soupé
Pli mié passé piess béké.
Rina, qui c'est yon fin melle,
Dit pou còbeau : « Haï ! ou belle,
Zhabit ou à la polka,
Ou ni lè yon esquouaïa (4) ;
Tant adans bois com en ville,
Ou doué passé pou yon lhuile
Augustin Fab (5). Mais vouésin,
Yo dit moin ou misicien ;

Moin tanne yo palé de ou
Lacase toutt moune, tout-patout;
Yo dit moin pas ni chantrelle (6)
Qui tini lavouè pli belle
Passé ou, en vérité.
Compè moin, t'en prie souplé,
Montré moin yo pas menti.
Ça va fè moin bien plaisi
Si tout ça yo dit moin voué. »
Nein compè còbeau gonflé.
Aïh! aïh! aïh! ça li tanne là?
Après belle parole com ça
Li pas té pé résisté;
Li rouvè bec pou chanté,
Quitté fromage là tombé
Adans guiole compè rina
Qui prend ri : quia! quia! quia! quia!
Et pis dit còbeau : « Doudoux,
Gens qui save passé saindoux (7)
Quand yo vlé ka badinein
Ça qui pas tini nein fin;
Si to pas té yon concomme
To pas sré couè to belle nhommc,
To pas sré chaché chanté,
To pas sré quitté tombé
Fromage to dans guiole yon lautt.
Compè còbeau rété sott.
Li pas dit rina engnien.
Mais dans dent li bougonnein :
« Yo pas ké prend moin encò
Pace lesprit cò conduit cò (8). »

LA GRENOUILLE QUI SE VEUT FAIRE
AUSSI GROSSE QUE LE BOEUF.

Yon goinouillle, qui té bò dleau,
Vouè, yon jou, yon gros taureau,
Li dit pou camarade li :
« Moin ka parié moin vini
Gros autant com bef tala. »
Yo toutt prend ri : quia! quia! quia!
— « Ou pas gros com yon graine dé!
Faudrait ou té bien gonflé
Tout cò ou pou ou té sa
Vini aussi gros com ça. »
— Li dit : « Eh ben! gadé, mi,
Zott va vouè si moin menti.
Moin va même allé pli loin,
Calalou crabe tranglé moin (9)! »
Li coumencé enflé cò,
Et pis li dit : « Gade, a-tò,
Si moin pas aussi gros presse. »
— « Ou pas ni assez ladresse ;

Avant ou fè ça, ou tanne,
I faut ou mangé banane. »
— « Magré tout ça zott va dit,
Moin save, moin qui ni lesprit,
Moin va même vini pli gros... »
Pouloss vente li pété : boh !
Boyaux li sòti dérhò.
Gounouille là té tini tò.

Toutt fois nèg vlé fè doctè (10),
I faut yo souffri doulè,
Pace yo ka mett fins souliés.
Couè moin, chè, rété ni-piés !

LES DEUX MULETS.

—

You jou dans yon grand chimin
Dé milet té ka maché,
Yonne té tini yon chage foin,
Laut lagent té ka pòté.
Tala té ka fè doctè.
Li té ka gouaillé lautt là,
Li té ka dit li : « Mon chè,
Ça ou ka pòté com ça?
Yo chagé ou évec paille ;
Ça c'est travail ti manmaille,
Pas travail pou yon nèg mâle,
Ça ka ranne dos ou tout sâle.
Pauve ou, oui ! Toutt bon, mon chè,
Ça sré fè moin mal au khè
Allé dans bouq évec ça. »
Li prend ri : quia ! quia ! quia ! quia !
Lautt là, zoreille li baissé,
Té ka tanne ça sans soufflé.

Pouloss yo contré volè,
Yo tout les dé té ni pè,
Yo tout les dé prend couri :
Ti, pi, ti, pi, ti, pi, ti.
Quand li vouè yo ka foucan,
Volè là fisi li prend,
Li tiré lassous missié
Qui lagent té ka pòté.
Coup-d-fisi là pati : poh !
Pauve milet là tombé : boh !
Lautt là dit li : « Camarade
To té ka gouaillé moin, gade,
Si to té ka pòté foin
Yo pas sré fè to engnien. »

LE LOUP ET LE CHIEN.

—

You loup qui té tini
        Ani
        Lapeau
        Evec zo,
Contré you cètain
        Gros chien
        Gras
        Com you là.
You khé dit loup là : Bon mangé (11)
        Si ou vlé;
Ou doué t-êtt fò passé li.
        Lautt khé dit :
Compè là ni lè vaillant,
        Li ni dent
Qui pé défanne cò li bien.
        C'est you chien,
Mais côté li ou trop cravatte (12);
        Yon coup-d-patte,
Li va voyé ou dans cabane (13);
Fouè passé chimin ou, ou tanne.

Ça fè, loup là dit chien : — « Bonjou compè,
     Coument ou ka lé, mon chè? »
— « Tout douce et ou? » — « Compè ou ben vaillant;
Ou maniè ni bon zo pou metté en bas dent. »
— « Mais, mon chè, ani faute ou
Si ou pas ka fè guiole doux (14).
Ça ou ka fè dans rhazié?
Vini ladans caze béké.
Là ou va ni bon mangé jouq c'est haï !
Bois bon ani pou canaille. »
— Loup là dit li : « Bon ! Compè
Dit moin ça i faut moin fè,
Pou yo ba moin bon mangé. »
— « Presse engnien : flatté béké,
Passé saindoux, sèvi souyè,
Môdé moune qui dans lamisè,
    Jappé après volè
      Les souè ;
Pou ça bon mangé y'a ba ou. »
— « Ça bon, mon chè, moin ka vini, en-nous. »

Vouéla yo tout les dé prend chimin la maison,
Com dé fouè, sans comparaison.
You bon coup loup là vouè cou compè li plimein,
    Li dit li : « Mais mon fouè chien,
Ça qui fè ou ça dans cou? »
— « Ça ! engnien ; pace tout les jou
    Pou moin pas allé marron,
    Evec yon piti côdon
    Yo ka marré moin, moufi. »
      — « Ça ou dit?
Marré ! ! ! eh ! eh ! compè ! marré mauvais.
Mô faim libe, si i faut, vaut mié. »

Loup là té ni yon mauvais sentiment :
       Sèvi béké pli bon
       Passé allé marron,
Pou vive dans bois évec sèpent.
       Ett obligé allé volé
         Pou mangé,
Ça pas la vie pou yon chritien
       Mennein.

LA GÉNISSE, LA CHÈVRE ET LA BREBIS,

EN SOCIÉTÉ AVEC LE LION.

———

Yon jou té tini yon lion.
Et pis yon fimelle mouton,
Yon fimelle cabrite et pis
Yon ginisse. Tous les quaie dit :
« En nous coupé associé (15)
Pou nous toutt ensam allé
La chasse. » Yo toutt consenti.
Yo pati au pipiri,
Après yo té boué café,
Lhè zhabitants ka tâté
Poule yo. Yo rivé dans bois.
Maniè yo té calé pois (16) ;
Pace yo pas té ni bonhè.
Magré toutt zattrappe yo fè
A douett, à gauche, tout-patout,
Yo pas prend yon manicou.
Yon gros mâle biche, à la fin,
Tombé, com yon sain-gringrin,

Dans zattrappe fimelle mouton.
Li crié les autt : « A moué !! »
Yo pas tadé pou rivé.
Compè lion dit yo : « Ça bon,
Mais faut nous séparé ça. »
Li tiré yon grand coutelas,
Séparé bête là en quate.
Pou chaquin té ni yon patte.
(Au moins yo té ka couè ça.)
Compè lion dit yo comça :
« Doucement, qui ça qui maîte zott? »
Yo dit : « C'est ou, pas ni d'autt. »
Li dit ba yo : « Quand valett
Ni quéchose, yo doué baille maîte :
Com maîte, moin ka prend mòceau. »
Après ça, li dit ba yo :
« Ça qui tini pli gros dent? »
Yo réponne : « Ou. » — A présent,
Li dit : « Piss dent moin pli gros,
I faut li tini mòceau ;
Zott pas doué fè moin di tò. »
Li dit : « Qui l'est-ce qui pli fò
Dans nous quate? » Yo dit : « Compè
C'est ou qui pli fò, nous couè. »
— « Ah! zott couè? eh ben, zami
Faut payé lafòce aussi ;
Pou li, mòceau moin ka prend. »
Les autt pé bouche. — A présent,
Lion dit yo : « Couté moin bien :
Moin pas aimein chaché train,
Si yonne pami zott, rhadi,
Osé metté lamain li
Lassous lautt mòceau vianne là,
Lajounein jòdi là va

Dènié jou li. » — A présent,
Tous les quate mòceau li prend,
Metté yo dans laboussac,
Fè yo *sèvitè*, et pis
Routounein adans caze li.
Les autt bête là pas dit : Hac !

Ça qui prend associé prend maîte,
C'est yon provèbe moune bien connaîte.

———————

LA BESACE.

—

Long-temps, quand Jipitè té roi les zanimaux,
    Li fè batt au son-d-tambou,
Pou toutt bête, qui lassous latè, té semblé yo
    Douvant li, yon cètain jou.
    Là chaquin té doué, sans tremblé,
    Dit li ça yo té ka manqué
    Pou té fè yo joli gaçon.
    Jipitè sré té assez bon
    Pou ba yo ça yo sré mandé
    Pou fè yo toutt vini beauté.

Jou là rivé, com yo té dit, yo tout vini.
Jipitè dit chaquin dit ça li ni pou dit.

    Macaque coumencé palé,
    Li dit : « Quand moin ka gadé
    Adans mirouè visage moin,
    Li ka paraîte assez bien.
    Com les autt moin ni quate pié;
    Moin tini yon belle lakhé;

Et si croupion moin plimein,
Si li sam jounou dévòte,
Ça pas ka gadé les autt,
Ça pas ka fè yo eugnien.
Par exemple, i faut tini
Bonne volonté pou pé dit
Compè l'ous tini compte li :
Li laide passé yon zombi ;
Ni douquoué fè avòté
Yon femme grosse qui sré gadé
Li. » L'ous vini pou palé.
Yo couè li sré té mandé
Pou li, ti brin la beauté ;
Pli souvent ! li trouvé dit
Li té yonne des mié bâti ;
Mais li dit : « Gadé léphant,
Pauve guiabe ! magré ça ! li temps
Yo ba li ti brin lakhé ;
Et pis, yo sré pé coupé
Lassous zoreille li ti brin ;
Li sré bien tini bousoin
Yo té raboté jam li. »
Léphant, ta-tou li, vini.
Li dit : « Moin pas jà si mal.
Moin pas aimein palé mal,
Mais, t'en pric zott, prend lapeine
Gadé ti brin labaleine :
Ça ça yé ? qui bête est-ça ?
Ça pas moune ; c'est yon pays !
Ça qui ka vouè grossè li,
Doué crié : Jésis-Maïa ! »

Yo toutt, tou-à-tou, palé
Lassous les aut, pas tini

Yonne qui, dans cò li, trouvé
Té ni quéchose pou changé.
Toutt té content : jouque frommi
Qui dit li pas té piti
Passé yon laut piti bête
Gens Malinique pas connaîte
Gens France ka crié ciron.

Jipitè dit yo : « Ça bon !
Zott ka vouè défaut les autt,
Zott pas ni gé pou ta zott ;
C'est moyen pou zott content.
Zott pé allé mes enfans ;
Mais, poutant, zott doué chougé
C'est pas zott qui va jigé
Cò zott même, après lamò.
Nous va vouè si ça qui fò
Lassous latè va palé
Gras, quand y'a douvant Bon Gué (17). »

L'HIRONDELLE ET LES PETITS OISEAUX.

———

Yon zhirondelle, qui té jà vié,
Toutt lavie li té voyagé.
Li té appranne enpile lesprit :
Tout bagage li té ka prédit.

Yon jou li vouè yo ka simein
Chanve. — Ici moin tini bousoin
Dit zott ça zott p'encò conaîte.·
Chanve c'est yon zhèbe qu'a vini belle
Epis qui gens France, qui pas bête,
Ka trouvé moyen fè ficelle. —
Pou ti zouéseau zhirondelle dit :
« Couté moin, moin tini lesprit,
Ça zott couè ces gens-là ka fè?
Zott pas save com yo ni lâme nouè,
Yo ka simein malhè zott. Moin
Pas inquiète, m'a allé pli loin ;
Mais quand y'a fè zattrappe pou zott
Zott va allé là com des sott,

Y'a quinbé zott, bien com i faut,
Pou mangé zott en fricandeau.
Pace bagage yo ka planté là
Quand yo va cuilli li, yo va
Evec li fè des bon zattrappe.
Pendant graine là lassous latè,
Com miette pain lassous yon nappe,
Mangé toutt pou paré malhè. »
Mais ti zouéseau pas couté li
Pou réponse yo coumencé ri,
Yo dit li : « Bon khè nous com ça,
Ou vlé nous allé quitté là
Bon mangé, pou allé valé
Yon vié mangé nous pas connaîte ?
I faudrait nous sré té bien bête.
Mi, pé bouche ou, t'en prie souplé. »

Vouèlà zhèbe coumencé sòti
Ladans tè. Zhirondelle là dit :
« Li encò temps, raché zhèbe là
Yonne après lautt. » Yo dit : « Ah bah ?
Ou bon pou yo metté aux fous.
Est-ce nous c'est bef pou nous mangé
Zhèbe là ? Mi, t'en prie, quitté nous. »

Pendant temps là zhèbe là lévé.
Zhirondelle dit yo, à la fin :
« Piss zott pas té vlé couté moin,
Loin moin conseillé zott allé,
Ici pas bon pou zott rété. »
Yo coumencé, pou gouaillé li,
Répété tout ça li ka dit.

Yo dit : « N'a fè ça nous doué fè
Ça pas ka gadé ou, machè. »

Ça yo fè ? Adans cabouïa (18)
Yo toutt tombé ; yo vouè trop ta
Zhirondelle là té ni raison.

Pou zott, ça doué sèvi liçon.
Nous doué quand vié moune ka palé
Ouvè zoreille nous pou couté.

LE RAT DE VILLE ET LE RAT DES CHAMPS.

———

Té ni dé rat, les-autt-fois,
Yonne té ka rété dans bois,
Lautt en ville té ka rété.
Tala vini invité
Lautt là pou vini diucin
Evec li. Li réponne : « Moin
Va vini, ou pé tranquille. »
Jou là, li vini en ville.
Li rivé. Vouélà ratt là
Mennein li dans yon placa
Oti moune té ka serré
En pile tout sòte bon mangé.
Y té tini calalou,
Couliroux frit dans saindoux,
Yon supèbe tonton-banane,
Lamori roti dans sanne,
Zabocat évec farine,
Zaloïe, macriau, sadine,
Et pis yon ragoût cochon
Qi té ka senti bien bon.

Pou dessè yo té tini
Confiti patate, pain mi,
Et pis yon bol diri doux,
Boule gigiri et pis lous.
Jamais vouè bon canari
Comme ça ces ratt là té ni.
Engnien pas té ka manqué ;
Yo té voyé, au pli près,
Chaché you calbasse tafia
Pou décolé mabouïa.
A présent, yo coumencé
Métié sans ri, sans palé.
Quand yo té à tabe, vouélà
Yo té ka mangé la soupe,
Yon valett rouvè placa,
Yo rentré dans yon trou : floupe !
Quand valett là té foucan,
Ratt laville dit : « A présent
Tein-mi, valett là pati,
Mangé vitement pou fini
Dinein là, bien com i faut,
Plein boudin nous, avant yo
Vini fè nous pè encò. »
Lautt là réponne : « Moin vlé mò,
Si moin fè ça ; moins simié
Viré lacaze moin, Bon Gué
Pini moin, si moin vini
Pou mangé encò ici.
Moin simié mangé banane
Cuite dans sel pitôt, ou tanne. »

Nèg bitation, pas chaché
Nèg laville pou fréquenté.

LE LOUP ET L'AGNEAU.

—

Douvant poule ravett pas ni
Raison. Provèbe là bien voué.
Li voué ladans caze béké,
Li voué dans caze nèg aussi.

Yon ti mouton, les-autt-fois,
Té ka bouè dans lariviè.
Yon gros loup sòti dans bois
Li vini tou pou li bouè.
Loup là, dent li té rouillé,
Li pas té trouvé mangé ;
On'a dit li té fè carême ;
Guiole li té longue, li té blême
Com yon patate six simaine,
Maig com yon nèg qui dans chaîne.
Quand li vouè ti mouton là,
Tout suite khè li té content.
Li dit : Bon Gué voyé ça
Pou moin metté en bas dent.

Li dit mouton : « Pouquò fè
To, rhadi, ka vini bouè
Dans lariviè, pou troublé
Dleaù là ? To fè ça exprès
Pou chaché train évec moin.
To pas té tini bousoin
Fè ça, moin té save déjà,
Dans l'année qui passé là,
Lassous moin to mal palé. »
Ti mouton là dit : « Mouché,
Pit-êtt c'était yon lautt moune,
Piss moin p'encò té dans moune
Dans temps où ka palé là. »
Gros loup là réponne comça :
« Si c'est pas to, c'est papa
Yche maman to. » — « Mais moin pas
Ni papa, moin c'est bata. »
— « C'est fouè to pouloss, moufi. »
— « Fouè ? mais moin com titiri
Moin pas tini piess parent.
Dépi moin lassous latè
Moin pas jamain ni bonhè
Connaîte yonne ; anni maman..... »
— « To ka raisonnein joucoué.
Qui moune ça to ka palé ?
Coument, to p'encò ni dent
Et to déjà insolent.
M'a fè to vouè to ni tò
Vini ici fè guiole fò. »
— « Mais moin pas dit ou engnien,
Mouché, chè maîte ! » — « Pas bousoin
To mandé grâce, à prèsent. »
Quand li dit ça, li fè : houan !
Ça fè, li ba li yon coup

D'dents pa côté dériè cou.
Pauve ti mouton là fè : bèh !
Li tombé mò raide à tè.
Loup là prend toutt, viane comme zo,
Valé : fioupe ! com yon gombo.

—————

LES VOLEURS ET L'ANE.

—

Pou yon bourique yo té volé,
Dé maîte coquin té ka goumein.
Pendant yo té ka joué lamain,
Vouélà yon lautt volè rivé,
Qui mennein bourique là allé.

Ça ka fè zott vouè, mes enfant,
Volé pas ka baille bénéfice ;
Pace sans nous compté la jistice
Qui ka pini gens malfaisant,
Bon Gué dit dans yon commandement :
« Assous bien d'autrui pas jamain
Ouvè gé ni metté lamain ! »

LA MORT ET LE BUCHERON.

—

Yon pauve vié nhomme, les-autt-fois,
Té obligé coupé bois
Pou vanne, pou li té nourri
Femme li évec ti yche li.
Coupé bois ! mauvais métié
Quand ou pas tini soulié :
Pié ou ka rempli piquant ;
Pas ni douquoué pou content.
Nhomme là té, yon jou, sòti
Coupé yon chage lépini,
Li chongé coument Bon Gué
Té fè li né malhéré ;
Coument chaque jou Bon Gué fè,
C'était pou li même misè :
Vouè famille li lassous paille,
Mò faim, obligé travaille.....
Toutt courage li quitté li ;
Li crié lamò vini
Prend li, pòté li allé.
Côté li lamò rivé,

Li dit li : « Ou crié moin,
Mi moin, ça ou ni bousoin ? »
Nhomme réponne : « T'en prie, souplé,
C'est pou aidé moin chagé
Paquet bois là, qui trop lou. »

Ça nous ka vouè tous les jou ?
La même chose. Assous latè,
Magré nous dans lamisè,
Nous pas vlé allé dans trou.

LE RENARD ET LA CIGOGNE.

—

Com ti bri lou zott ni lesprit,
Faut mettdes points su les i.
Com dit bé, Pou jòdi là,
Lhistouè crogne évec rina
Moins projette zott moin va conté.
Ni longtemps zott fè connaissance
Evec rina, c'est bête en France.
Dans mêm pays cigogne ka né.
C'est yon zuéseau. Li ka rété
Au bò dlea, lamode caïali.
Maniè li pa manqué l'esprit;
C'est ça zottoutt ka lé jigé.

Pas moin, mè rina invité
You jou cigone vini soupé.
Cigogne pas manqué, li vini
Evec yon farò lappétit
(Li té, pou pa manqué faim, bouè,
Pa malhè, yo ti vè liquè

Gens en France ka crié labsinthe.
Li pas té ka douté li feinte
Compè rina. — Tala sèvi
Canari li dans yon grand coui (9).
Temps cigogne prend pou li valè
Yon ti mòceau, rina mangé
Toutt mangé là. Ça pas té bête,
Mais toujou ça té malhonnête.
Cigogne là pas dit li engnien,
Viré lacaze li. Lendemain
Invité rina pou dinein.
Compè rina pas rifisé.
A lhè pou dinein, li rivé.
Li trouvé yon couvè bien mis ;
Mais lassous tabe pas te tini
Yon sel plat. Ma coumè cigogne
Té ramassé fiole dleau Cologne,
Garoulette cou longue, pou mutté
Ça qui té tini pou mangé.
Cigogne baille rina yon sèviett,
Cuillè, couteau et pis fouchett.
Lit dit li : « Compè, sans façon.
Entre gens com i faut, la maion
Zami nous c'est ta nous ; mangé. »
Cigogne, à présent, coumencé :
Quiò ! quiò ! quiò ! quiò ! comyon cana
Dans dalot, vidé ces fioles là.
Rina, ta-tou li, essayé
Ladans yo fè guiole li rentré.
Pas possible. — Tête li té trop gros ;
Li pas té pé prend yon ti zo.
Et pis ça, bon lodè mangé
Là té ka fè guiole li bavé.
Pouloss cigogne là mangé toutt,

Rina pas trappé yon lacroute
Pain même. Missié té obligé
Allé lacaze li cuite soupé.

Ça pé sèvi, mes chè zenfant,
Yon bon lèxempe pou bien des gens.

———————

LES FRÉLONS ET LES MOUCHES A MIEL.

—

Yo trouvé, you cètain jou,
Dé ou trois cassave bon miel.
Yo fè mandé tout-patout
Pou té connaîte qui léquel
Qui té pèdi ça. Vouèlà
Guêpe rivé. Yo dit c'était
Bagage yo. — Faut ranne Césa
Ça qui ta li, dit Bon Gué. —
Yo dit guêpe : « Si c'est ta zott,
Prend. » Mais vouèlà t y pas d'autt
Qui rivé pou yo mandé
Miel là tou. Les autt c'était
Mouche-à-miel. Yo soutini
C'était yo qui té pèdi
Miel là. Ça fè yon procès
Plaidé lacaze jige-di-paix,
Qui té dans yon lembarras
Pou save ça qui te tini
Raison. Pendant procès là,
Témoin vini dit comça

Yo té vouè ti zanimaux
Té ka sòti dans sirop
Qui té dans ces cassave là ;
Yo toutt, com yo té ni zailé,
Té sam ti yche mouche-à-miel.
Mais guêpe fè vouè té yche yo
Yo té metté dans sirop
Pou empêché yo crié.
Jige-di-paix, embarrassé,
Renvoyé yo à huitaine,
Pou d'autt témoin té palé.
Yo vini comben douzaine
Zanimaux, tout les côté.
Après yo toutt té fini,
Jige-di-paix té ka dòmi,
Yon mouche-à-miel dit : « Zenfant,
Mais pas bousoin autant gens
Pou dit ça qui ni raison.
Moin connaîte yon bon façon.
Couté, missié jige-di-paix ;
Si ou té ka ordonné
Nous travaille douvant témoin,
Ou pas ka lé ni bousoin
D'autt prève pou ou jigé nous.
Ça qui va save fè doudoux,
Bien su c'est yo qui pèdi
Cassave miel là yo trouvé. »
Guêpe pas té lé consenti
Fè ça mouche-à-miel té vlé.
Ça fè, missié jige-di-paix
Vouè c'est save yo pas té save.
Li ordonné pou yo ranne
Baille mouche-à-miel les cassave.
Et pis guêpe payé lamanne.

LE CHÊNE ET LE ROSEAU.

———

Yon pied chêne dit yon pied roseau :
« Ça ka fè khè moin mal, vouément,
Vouè ou comça à côté dleau ,
Com yon ti zenfant sans maman.
N'impòte qui ti vent qui vini,
Ou ka plié com yon baleine,
Et les jou qui ka fè lapli ,
Ou pas sré lé couè toutt la peine
Ça ka fè moin, quand lariviè
Pas lassous tête ou ka monté ;
Ces jou là, moin toujou ni pè
Vouè dleau là pòté ou allé.
Si encò ou té pé vini
En bas branche moin , moin sré content.
Pou ou , tout sòte soin moin sré ni ,
Et moin pas sré té si souvent
Tremblé pou ou com moin ka fè. »
Pied roseau là dit : « Grand mèci !
Ça ka fè vouè ou ni bon khè,
Ça ou ka dit là, mais pami

Valett ou, moin pas sré vlé yé,
Pace moin très bien com moin yé là.
Moin ni bousoin ani baissé
Quand vent, lapli, tout ça comça,
Ka passé pa lassous tête moin.
Quand moin couché à tè, moin pas
Ni bousoin tremblé pou engnien.
Dans toutt grand désòde qui rivé,
Lendemain moin toujou douboute,
Tandique ça qui ka résisté,
Quèquefois ka touncin boute pou boute.
Ou couè ou fò jouqu'à présent,
Pace ou p'encò trouvé maîte ou ;
Mais, pit-êtt bien, avant longtemps,
Ou va pèdi goût calalou. »
Li p'encò té fini dit ca,
Quand ouagan coumencé soufflé.
Di com yon rocher, pied chêne là
Rété douboute. Roseau couché.
Vent là vini encò pli fò,
(C'était dans coupd'vent soixante-six)
Li metté racine chêne dérhò,
Pendant roseau pas souffri plis.

CONSEIL TENU PAR LES RATS.

—

Té tini longtemps yon chatt,
Jamain moune p'encò té vouè
Yon bête scélérat, feintè (20),
Com tala. Pou li prend ratt,
Toutt malice li té ka fè.

Li té si bien réissi,
Li té trappé tant et tant,
Lafin-des-fins, les-restant
Pas té ka nozré sòti,
Lacrainte passé en bas dent.

Zott bien pensé, ladisette
Coumencé fë yo maigri ;
Dans trou yo, les pauve ti bête
Pas té tini yon miette
Pain pou lavie soutini.

Yonne dit ba yo : « Mes zami,
Nous pé pas rété com ça ;
Faut nous chaché dans lesprit
Nous yon moyen sòti
Ladans yon tel lembarras.

Quant à pou moin, moin trouvé
Yon moyen qui sré vèti
Nous quand chatt là sré vancé :
Ce sré tout bonnement marré
Yon ti lacloche dans cou li.

Pace quand li sré ka vini,
Lacloche là sré coumencé
Sonnein ; n'a ni temps sauvé
Avant li rivé ici. »
Toutt dit ça té bien trouvé.

Après ça, fallait chaché
Pou trouvé, pami les ratt,
Yon nhomme de bonne volonté,
Pou li té allé marré
Lacloche là ladans cou chatt.

Yonne dit : « Pas moin qu'a allé,
Bagage com ça trop risquable. »
Yon lautt dit : « Ça pas yon joué. »
Piess pa té nozré risqué ;
Yo té pè chatt là com giabe.

Yo fini pa séparé,
Sans yo pas trouvé pessonne.
Toutt moune connaîte conseillé ;
Mais, si fàut couri dangé,
Aucunn pas ka lé réponne.

———————

LE LOUP PLAIDANT CONTRE LE RENARD
PAR-DEVANT LE SINGE.

—

Long-temps, yon loup trouvé dit
Yo té volé bagage li
Li dit c'était yon rina
Qui té fè mauvais coup là.
Rina là té ka rété
Dans vouésinage. Pou volé
Maîte rina pas té feignant;
Toutt moune té save dans mitant
La nuit, li té ka lévé,
A lhè laline té couché,
Pou li té allé promnein.
Ces jou là té tini train
Toujou côté poulaillé.
Magré chien té ka jappé,
Com pessonne, lacrainte zombi,
Dérhò pas té lé sòti,
Com nèg gade, dans caze farine,
Té ka ronflé dans platine,

Y pas té tini moyen
Quinbé pessonne. Lendemain
Yo té assiré trouvé
Comben volaille ka manqué.
C'était pas ani volaille
Yo té ka prend, les canaille!
Quand quèquefois yo té blié
Fèmein pac mouton à clé,
Yo té bien su, les matin,
Trouvé passé yonne di moin.
Com yo té save loup aussi
La nuitt té aimein sòti,
Yo té ka douté rina
Tout sel té pas ka fè ça.
Com ça les zaffè té yé,.
Quand loup dit yo té volé
Bagage li. Sans pèdi temps,
Li pôté yon plainte douvant
Jige-di-paix dans pays là,
Qui voyé chaché rina.
Quand rina té arrivé,
Li mandé li si c'était
Li qui té allé lanuit
Volé bagage loup. Tout suite
Rina dit c'était pas li.
— Pas té ni d'autt chose pou dit. —
Loup là coumencé palé
Dit yo té déjà volé
Assez tout-patout, té temps,
Pace ça té trop embêtant,
Ça té fini. Ça té ka
Crié vengeance, vouè tout ça.
Et lajistice té assé
Dòmi, té temps li lévé.

Jige là, qui té yon macaque,
Voyé chacé yon tactaque
(Bête qui pas manqué lesprit),
Li mandé pou tactaque si
Rina là té tini tò.
Tactaque dit : « Oui. » — « Mais, a-tò,
Dit moin si loup ni raison ? »
Tactaque là réponne li : « Non ! »

Macaque dit ba yo : « Mes drôle,
Tous les dè, allé lageôle,
Jouque temps tous les dé payé
Lamanne ; pace rina volé,
Bien su. » — Mais, li dit pou loup :
« Ça li prend pas té ta ou.
Ou chaché badinein moin :
Yo pas volé ou engnien ;
C'est pou montré ou menti
Moin condamnein ou aussi. »

LES DEUX TAUREAUX ET LA GRENOUILLE.

—

Yon jou té ni dé taureau
Qui té ka goumein bò dleau.
Yon gounouille té ka gadé
Bataille là. Li prend pléré,
Pendant les autt té ka ri.
Pauve piti, li té ka dit :
« Gadé ! anh ! mon Gué, Seignè ! »
Yon lautt dit li : « Macoumè,
Ça qui ka fè ou lapeine ?
Pouquò fè non ou ka plaine ?
Yo ka batte, ça ça ka fè ?
Piss, com dit conte là (21) : « Zaffè
Cabritt pas zaffè mouton »
Poumié là réponne : « Toutt bon !
Si ou té ka réfléchi,
Ou sré té pléré aussi.
Quand y'a fini batt cò yo,
Tout les dé, bien com i faut,
Pis faibe là ka lé vini
Pou serré cò li ici ;

Nous va beau crié li : Grâce !
Li va crasé nous en masse. »
Li pas té fini dit ça,
Lautt là té ka ri, vouélà
Yonne ces taureau là qui prend
Couri ; pouloss, à présent,
Li vini rentré dans dleau,
En bas enpile pieds roseau,
Pou serré cò li ti brin,
Crasé gounouille pa pangnien.

Quand madame évec mouché
En colè, ka dispité,
Lassous nous maîte ka vini
Pou li passé colè li.
C'est dos nèg qui ka payé
Toutt mauvais himè béké.

Pis faible toujou tini tò :
C'est pou ça à lhè mangé
Yo ka metté chien dérhò,
Quand c'est béké qui..... péché.

LA CHAUVE-SOURIS ET LES DEUX BELETTES

—

Yon jou au souè sourissolle
Tombé ladans trou yon bête
Gens France ka crié belette.
Bette là prend la parole,
Li dit : « Grand mèci, Bon Gué,
Moin k'é fè bon canari
Au souè là ; c'est yon souris
Bon Gué ba moin pou soupé. »
Sourissolle, qui pa té bête,
Dit : « Si ou ni gé dans tête,
Ou va vouè moin c'est zouéseau ;
Moin ni zaile bien com i faut.
Pou lamou Bon Gué, tein-mi,
Pas dit moin moin c'est souris. »
Belette là dit li allé ;
Li pas fè ni yonne ni dé,
Li sauvé sans pèdi temps.
Mais yon lautt jou, à présent,
Moin pas save coument ça fè,
Pit-êtt c'est pace li tè bouè

Trope lanis (té ka fè fouète),
Ladans caze yon lautt belette
Sourissolle allé rentré.
Tala té aimein gibié,
Li dit : « Yon belle ti zouéseau !
Ça bon, bien rôti tout chaud. »
Li quinbé pauve sourissolle
Qui dit li : « Mais, est-ce ou folle ?
Latin ou trouvé plime moin (22) ?
Si moin c'est zouéseau, plimein.
Ou pas vouè moin c'est souris ? »
Ça ou vlé belette té dit ?
Engnien. Sourissolle sauvé.
Com ça gens qui save palé,
Quand yo dans yon lembarras,
Connaîte défaite cabouïa.

LA LICE ET SA COMPAGNE.

—

Yon jou, dans temps qui passé,
Té ni (palant pa respé)
Té ni yon fimelle cochon.
Zott connaîte com cochon bon.
Tala té fè yon zami
Evec yon fimelle chien, qui
Té pleine gros boudin. — Chien là,
Yon jou, dit cochon comça :
« Moin prête pou moin accouché,
T'en prie, macoumè, souplé,
Prêté moin pac ou ti brin
Pou moin lévé ti yche moin. »
Cochon là dit : « Macoumè,
Vini, évec plaisi, chè. »
Chien vini, li accouché ;
Tout piti chien li lévé,
Yo grand, yo fò, ka mòdé,
Tout la jounein ka jappé,
Fè tambi dans lamaison,
Et pis mòdé yche cochon.

Quand cochon là vouè tout ça,
Li dit pou fimelle chien là :
« Macoumè, yche ou jà grand,
Ou pé allé à présent. »
— « Allé ? ça ou ka dit non ?
Qui moune ou palé, cochon ?
C'est pas moin, moin pas couè ça. »
— Cochon là dit : « Mais pac là
C'est pas ta ou, c'est ta moin ;
C'est batte pè pou prend robe yo (23). »
Chien là dit li : « Moin fouben !
Si to couè pac là ta to,
Vini metté moin dérhò,
N'a vouè qui ça qui ni tò. »
Quand li dit ça, li fè : houan !
Li montré dé rangé dent.
Vouélà cochon prend couri ;
Mais chien, évec toutt yche li,
Barré li, fè li rété.
Yo toutt coumencé mòdé
Pauve cochon jouque li mouri.

Ainsi parole nèg ka dit :
Bâton pas fò passé sabe.
Toutt moune save c'est bon khè crabe
Qui empêché li ni tête.
Mais, magré ça, Bon Gué maîte.

LE MEUNIER, SON FILS ET L'ANE.

———

Moune pas facile à contenté :
Ça yonne aimein lautt rhaï li ;
Yonne aimein travail, lautt dômi,
Lautt aimein rhade, lautt bon mangé.

Ni lidé contenté les autt
Pouloss, pou nous, c'est yon foli !
C'est ça moin va fè vouè jòdi
Dans ça moin ka lé dit ba zott.

Yon jou yon pauve vié zhabitant
Té ni yon bourique pour li vann ;
Li évec gaçon li décanne
Dans bouq pou metté li lencan.

Pouloss, tous les dé, dans chimin
Pou pas fatigué bourique là,
Yo metté li dans yon branca,
Pou pòté li com yon cò saint.

Poumié moune qui rencontré yo,
Coumencé prend ri : quia ! quia ! quia !
« Zott jamain vouè travail com ça ?
Ça c'est yon travail nèg ibo.

» Zott ka prend lapeine, bon khè sott,
Fatigué cò zott pou pòté
Yon bête qui ni pieds pou maché ?
Faut couè zott tout les dé bien sott ?

» C'est zott qui té doué ka mouté
Lassous dos li, li faite pou ça. »
Yo compranne ça. Ti gaçon là
Mouté, vié nhomme rété à pié.

Yon ti moument après, vouélà
Yo rencontré trois négociant
Qui trouvé ça mal. A présent,
Yo crié pou ti gaçon là :

« C'est pas ou qui té douè mouté ;
Pou papa ou faut ni zéga :
Ou, ou jeine, li, li vié déjà,
Ou tim la fòce pou maché. »

Vié nhomme là, pou ces gens là, dit :
« I faut contenté zot, messié. »
Gaçon li déçanne, li mouté,
Et pis yo tout les trois pati.

Yon moument après, yo contré .
Adans chimiñ yo, trois jeine fi,
Yo tout les trois coumencé dit
Vié nhomme là té ni tò mouté.

Yonne dit : « Vié zombi là, gadé
Si li pas sam yon mâle macaque
Lassous dos bourique là, yon sac
Paille sré paraîte pli dégagé. »

Yon lautt dit : « C'est yon zaniman
Qui lassous dos yon lautt, ma chè.
Vouément, ça ka fè mal au khè,
Vouè gaçon li trappé bobo,

» Passé dans laboue, dans piquant,
Reinté cò li, maché à pié,
Sali jam li adans boubié,
Pendant temps yon vié massogan

« A chouval, com yon maîte soucri,
Com yon vié chatt ka fè gros dos ;
Gadé si li pas sam yon veau ?
Tini pou pléré et pou ri. »

Vié béké là réponne ba yo :
» Zott ni pit-êtt raison palé,
Moin té déjà ni même lidé ;
Mais zott ni tò crié moin veau.

» Piss c'est lidé zott, mes zami,
Tout moune i faut moin contenté :
Pou les autt, i faut moin rété,
Pou zott, en croupe, mouté mou fi. »

Yo pas rété com ça longtemps
Sans rencontré moune pou palé :
Yo dit bête là té fatigué ;
Ça pas té yon joujou zenfant,

Yon chage com ça ! ça té trop lou,
Magré ça, ça té ka fanne lâme ;
Fallait bourique té ni bon jam,
Pòté dé gros cadave yon coup (24)

Nhomme là té ka trouvé déjà
Ça té coumencé embêtant,
Li couté ça yo dit poutant ;
Li dit : « Laissé moin vouè com ça.

» Si m'a pé fè toutt moune plaisi. »
Yo tout les dé descanne à tè,
Et pis, à pieds, maché dériè
Bourique, qui dit yo grand-mèci.

Yon moune contré yo après ça,
Li dit : « Jésis-Maïa ! gadé
Ces gens là ka isé soulié
Yo, pitôt mouté bourique là.

» Jamain ladans zaffè les autt
Moin pas aimein fourré nein moin ;
Mais bourique doué pòté chritien.
Faut couè zott tout les dé bien sott. »

Nhomme là pède patience à lafin ,
Li réponne : « Moin té vouè déjà
Moin té yon sott, pace c'est pou ça
Moin ka couté parole quéquin.

» Mais, passé lajounein jòdi,
Quand quéchose va ladans tête moin,
Sans prend conseil aucunn vouésin,
Tout sel, moin va toujou agi. »

Et nhomme là té tini raison,
Faut pas couté les conseillè,
Suive lidé ou toujou : zaffè
Cabrite c'est pas zaffè mouton.

––––––––––

LE RENARD AYANT LA QUEUE COUPÉE.

———

Yo dit moin yon rina, yon jou,
Ladans.yon zattrappe manicou,
Trouvé li pris. A fôce li fè,
Li sauvé cò li. Pa malhè,
Li té obligé, pou sôti
Dans zattrappe, quitté lakhé li.
Rina coumencé combinein
Pou li té trouvé yon moyen
Empêché les autt gouaillé li.
Après li té bien réfléchi,
Li trouvé yonne li té content.
Jou là même, pouloss, à présent,
Toutt rina dans pays semblé,
Pace yo té bousoin comploté
Yon coup yo té tini pou fè.
Missié, dans lacrainte yo té voué
Li té tini lakhé coupé,
Assise assous yon canapé.
Pouloss, pou les autt là li dit :
« Ni yon bagage moin réfléchi,

Zami, zott save demain nous doué
Allé ladans yon poulaillé,
Moin couè pou nous pé rentré bien,
Sòti la même chose, yon moyen
Y tini, nous doué employé.
Bagage qui ka embarrassé
Nous toujou, quand nous vlé couri,
C'est lakhé nous. Si nous ka pris,
C'est toujou pa lakhé. Moin couè
Nous toutt té doué, lacrainte malhè
Mennein nous demain ladans trou,
Coupé lakhé nous toutt yon coup. »
Yonne qui pas té manqué malice,
Réponne li : « Ça ou dit là jisse.
Mais poutant moin sré bien voudré
Ou té ba ou lapeine lévé. »
Ça fè li fòcé lautt douboute,
Li fè yo toutt vouè piti boute
Mongnon lakhé qui té rété
Pou rina là qui té palé.
Yo toutt coumencé prend : Pia !
Pia ! pia ! pia ! papaïa !
Alentou missié, qui chongé
Ani couri allé serré.

L'AIGLE, LA CHATTE ET LA LAIE.

—

Trois zanimaux té ka rété
Ladans yon gros pied fromagé.
Dans racine li cochon té fè
Cabane li. Ti brin pli en lè
Chatt té fè ta li ; là oti
Lesbranche ka coumencé sòti.
Yon laigle à présent té en rhaut,
Dans faîte, com té doué yon zouéseau.
Tout les trois bête là té maman,
Yo té tini piti zenfant.
Yon jou chatt lévé, prend pied li,
Desçanne lacaze cochon dit li :
   « Lacaze laigle moin té allé
   Mandé mòceau ti salé,
   Moin trouvé moin té bousoin
   Pou mette dans canari moin ;
   Laigle dit moin : Attanne quèque jou,
   Moin couè moin va pé ba ou ;
   Poumié fois cochon sòti,
   Moin vlé volé ti yche li

Pou moin salé. Et moin vouè
Sel et pis yon fréquin bè
Vide, li gangnein pou metté
Ti yche ou quand y'a salé. »
Quand chatt fini dit cochon ça,
Vrap ! li mouté lacaze laigle là.
Li dit : « Macoumé, bonjoù,
Moin ni quéchose pou dit ou :
Cochon là pas lasse fouillé
Racine pied bois là. Chongé
Ça moin ka dit ou jòdi,
Pace ça va pé mal fini.
Quand racine li va coupé,
Ou'a vouè pied bois là tombé.
Si c'est pendant nous pas là,
Quand ti yche nous va en bas,
Cochon va mangé yo. Moin
Connaîte yon lautt piti coin
Pou moin serré. Grace à Gué,
Moin tini ladresse pòté
Yche moin dans dent moin, tantôt
N'a sauvé bien com i faut.
Piss moin vini vèti ou,
Prend gade, ça pas yon joujou. »
Vouélà les dé pauve maman yche,
Qui pas té ka douté yo niche
Chatt té ka fè yo, pas nozré
Sòti pou allé queri mangé,
Dans lacrainte pendant yo dérhò
Assous yche yo rivé lamò.
Yo pas chongé poumiè bousoin
Lavie c'est satisfè lafaim.
A fòce yo rété sans mangé,
Tout les dé fini pa crévé

Evec yche yo. Pouloss, chatt là
Qui té ka compté lassous ça,
Prend yo metté dans canari,
Invité toutt connaissance li,
Fè bon ragoût évec cochon,
Evec laigle fè yon bon bouillon.

Ça ka fè vouè gens qui vlé nui,
Guiabe ka ba yo toujou lesprit.
Et zot pas doué blié méfié
Gens qui tini parole doré.

LE LOUP ET LA CIGOGNE.

———

Zott connaîte com loup goumand,
Safe, aimein mangé vitement.
C'est yon mauvais zanimaux
Qui tini tout sòte défaut :
Li pli volè passé chatt,
Et li pas ka mangé ratt ;
Mangé li c'est bon mouton,
Poule, cabrite, codeinne, cochon.
Pas couè missié pami bête
Pas connaîte : mangé valett
Pas pou li, tabe li sèvi
Mié passé tabe maîte soucri.
Yon jou li té fè soupé
Evec yon piti mouton ;
Yon zo, li té lé valé,
Rété dans gòge missié. Bon !
Magré ça, li pas tranglé,
Mais li coumencé toussé
Com moune qui ni lapotrine :
Quehein ! quehein ! Yon vouésine

Li té ni, dit li : « Compè,
Ça ou tini? » — « Macoumè,
Li réponne li, pas palé,
Jòdi moin ka lé tranglé
Si ou pas lé essayé
Tiré zo là dans gòge moin. »
Lautt là dit li : « Moin vlé bien.
Rété douett, ouvè bouche ou. »
Loup rouvè yon cètain trou,
You pi! Lautt fouillé ladans
Evec bec li, chaché tant,
Li fini pa tiré zo
Là dérhò, bien com i faut.
(Vouésine là, moin blié dit,
Té yon fimelle caïali.)
Quand li fini, à présent,
Li dit pou loup là comça :
« I faut ou ba moin lagent
Pou ça. » — « Ça ou ka dit là?
Lagent! Dé lagent! t'en prie,
Ou pas dit Bon Gué mèci
Moin pas valé ou, à-tò
Moin té ni lamotié cò
Ou ladans guiole moin! foucan! »

C'est pou ça dépi longtemps
Yo dit bef pas jamain dit
Pou savanne yon grand-mèci.

LE LION DEVENU VIEUX.

—

Zott jà save lion c'est pli fò
Dans toutt zanimaux dans bois.
Ça fè, té ni yonne, yon fois,
Qui té à laveille lamò,
Pace li, moin pé bien dit ça,
Té vié jouque tant vié vé pas.
Li té malade, ka souffri,
Couché ladans cabane li,
Pauve vié cò ! li té ka plaine,
Ça sré té fè zott lapeine.
Les autt zanimaux, a-tò,
Trouvé yo tini guiole fò,
Yo vini ba li yon suif.
Chouval vancé, ba li : bif !
Yon coupd-pied lassous guiole li,
Cassé toutt dent li té ni.
Yon loup ba li yon coupd-dent,
Yon bef vini, à présent,
Li ba li yon coupd-cône : biffe !
Jouque chatt qui ba li coupd-griffe.

Pauve lion là dit : Bon Gué maîte ;
A la volouté ; pit-êtt
Pou prend moin dans paradis,
Li ba moin lenfè ici.
Li té ka souffri tout ça
Sans mimiré. Mais vouélà
Li vouè yon bourique vini
Pou li té batte li aussi.
Pouloss lion là prend pléré.
Evec gros dleau ladans gé,
Li crié : Bon Gué, Seignè,
Gadé quand on dans malhè
Ça ça yé, jouque bourique tou
Qui vini pou ba moin coup.
Non, bagage tala trop fò,
Bon Gué, moin pli simié mò.

Lion là c'est yon coumandè.
Pace quand yo tini malhè,
Yo pas coumandè encò,
Yo dans jadin, nous pli fò.
Yo ka payé ça yo faite
Quand yo té ka quinbé fouête,
Pli cravatte nèg latilié
Ka vini ba yo coupd-pié.

LE LION AMOUREUX.

—

Dans temps les bête té ka palé,
Quèquefois té ni des zanimaux
Qui té assez rhadi chaché
Evec chritien marié cò yo.
Ça drôle, et poutant ça bien voué,
Pace c'est com ça tout ça té yé.

Pouloss, yon jou longtemps, yon lion,
En passant bò yon bitation,
Vouè yon jeine fi, yche maîte caze là,
Qui té ka cuilli macata (25).
Lion là, dans dé coco gé li,
Gadé com fi là té belle fi.
Toutt suite li coumencé aimein,
Pèdi sommeil, la souef, la faim,
Jouque tant, pouvant pas résisté,
Li voyé maman li mandé

Papa là fì li en mariage.
Papa là dit : Fi moin en âge,
Li pé marié; mais, réfléchi,
Lion pas yon nhomme pou moin ba li;
Yon nhomme com ça c'est yon flérau,
Griffe li va déchiré lapeau
Piti mamaille là. Mais encò,
Si li craine lamou fè li mò,
Si li pé pas vive sans fì moin,
Dit li rognein zong li ti brin.
Quand griffe li pas ka lé à craine,
Nous va vouè ça. Evec lapeine,
Yo allé conté lion là ça.
Lion là réponne ba yo : Ça pas
Bien difficile, ça pas engnien,
Moin ka lé fè zott toutt vouè bien
Ça lamou pé fè yon nhomme fè,
Quand li ka tienne li ladans khè.
Pouloss li gangnein yon ciseau,
Coupé zong li jouque dans lapeau.
Quand li té fini, à présent,
Nhomme là dit li : Ou ni gros dent.
Moin pè, quand ou va bo femme ou,
Ou fè ladans lève li quèque trou.
Pauve lion là viré bien fâchè.
Mais li dit : Piss moin coumencé,
Piss moin jà coupé toutt zong moin,
Faut pas moin rété dans chimin,
Bien su quand moin pas k'é ni dent,
M'a pé mangé ani migan (26);
Mais piss toutt dent moin doué tombé
Yon jou, quand moin va vini vié,
Moin pé fè raché toutt yon fois.
Ça fè, li fè vini dans bois

Vié Antoine Camphe, qui pas té sott
Dans métié li. Yonne après lautt
Li raché toutt dent pauve lion là,
Qui fè dit papa là comça :
Moin pas tini ni zong, ni dent,
Est-ce moin pé vini à présent?
Papa là réponne oui. Missié
Qui té vlé t-êtt bien habillé,
Li qui té, jouque dans moument là,
Pòté ani chimise ginga,
Chapeau en paille yo coutimein
Gangnein pou dé sous Lamentin,
Et pis gros souliers régiment,
A fòce li té aimein lagent,
Li allé lacaze Saint-Palay
Pou li gangnein yon bass carré (27) ;
Trouvé enguien pas assez bon
Pou fè li vini bel gaçon ;
Allé lacaze maîte Labadi,
Li coumandé comben habit,
Gilet dissous, belle ridingotte ;
Li fè taillé comben quilotte ;
Allé lacaze yon còdonnié,
Fè li vanne comben pè soulié,
Comben pè botte ; gangnein foula
Ladans boutique, lacaze Civa
Gangnein yon chaîne, gangnein yon monte,
Gangnein jouque tant moune té ni rhonte
Pou li, quand yo vouè toutt foli
Li té ka fè pou you ti fi.
Pouloss quand li té habillé
Bien com i faut, la tête aux pié,
Tout raide com you coulivicou,
Li allé pou li fè lamou.

Lacaze fi là, quand li rivè,
Ça zott couè, a-tò, li trouvé ?
Li trouvé yon còtain pile chien
Qui coumencé fè yon grand train
Après li, mòdé li, jappé,
Déchiré toutt gratt jam missié.
Toutt valett dans lhabitation,
Toutt mamaille évec gros bâton,
   Yo toutt vini
   Lassous dos li
Com lassous yon lambi ronze hè (28),
   Batte yon bèlè,
   Fè pauve lion là
    Dansé
   Yon caleinda
    Marré (29).
Pendant temps là, missié té pris
Ladans toutt bel zhabillement li.
   Pas té ni dent
   Pou fè méchant.
   Zong li té loin,
   Fallait té bien
   Souffri tout ça.
   Li vouè trop ta
Fi là pas té faite pou nein li.

Assous ça ni tout plein pou dit :
Si i faut prend lapeine compté
Gens qui pa ni lesprit rété
Là oti Bon Gué metté yo,
Et qui après ka plaine mal dos,

LES MEMBRES ET L'ESTOMAC.

———

Yon jou pied dit pou lamain :
« I faut couè nous c'est dé sott,
Pou travaille toutt lajounein,
Pou baille plaisi pou yon lautt.
Anni boudin qui ka joui
Toutt ti lagent nous pé fè ;
I doué temps pou ça fini ;
Ni douquoué pou encolè.
Pou moin, moin bien décidé :
Passé lajounein jòdi,
Moin pas vlé encò maché
Pou pòté ou là oti
Ou coutimein rhalé rhoue. »
Lamain dit : « C'est yon raison,
Ou ka passé dans laboue,
Ladans piquant, pommes pouéson,
Dans toutt vié mauvais chimin ;
Trappé crabe, java ; foulé,

Démi, c'est lot ou. Pou moin,
Moin encò pli malhéré :
Bête blanche et pis panari,
Ani ça moin pè attanne,
Moin pas tini piess profit
Ladans ça jadin ka ranne.
Pou qui, grand-mèci Bon Gué,
Pouloss non nous ka travaille ?
C'est pou vouè boudin mangé
Tout ça travail nous ka baille.
Est-ce nous c'est nèg boudin non,
Pou travaille com ça ba li ?
Moin mandé Scignè padon,
Moin pas couè c'est li qui dit
Ça doué t-ètt com ça dans moune.
Ça pas jisse, en vérité ;
Libèté c'est pou toutt moune.
Pou baille yon boudin mangé,
Nous pé pas toujou souffri.
Si li vlé, boudin pé mò ;
Mais moin vlé fè com ou dit :
Moin pas vlé travaille encò. »

Pouloss dos té ka couté
Parole pied évec lamain.
Li dit yo : « Ça pas yon joué,
Mes zami, couté moin bien :
Ladans cò moune, chaque côté
Ni louvrage li pou li fè,
Ça yonne ka fè yon côté,
Pou tout les autt nécessè.
Quand boudin mangé, pouloss,
C'est pas pou li profité,

C'est pou li ba nous lafòce,
Travail li c'est digéré,
Fè bon sàng, bon graisse aussi,
Baille chaquin piti lot yo,
Tout-patout, pou soutini
Lavie nous, bien com i faut.
Au souè, après lapriè (30),
Quand zott baille paquet zhèbe zott,
Zott pas ni engnien pou fè,
Allé dòmi, tandique lautt,
Pauve boudin ! faut li rété
Gé ouvè, lanuitt com jou,
Pou li pas ni ni posé,
Ni dòmi, com ni pou nous.
Pessonne pas connaîte comben
Lapeine tout ça pé ba li ;
Pit-êtt passé zott boudin
Tini misè pou souffri :
Zami, tout ça Bon Gué fè,
Li fè li bien, chongé ça ;
Chaquin tini yon divouè,
Yon lapeine dans moune tala.
En vouélà moin, qui léquel
Qui tini pli mauvais lot ?
Aussi, moin couè en rhaut ciel,
Pli bon place là sra pou dos.
Pied, si ou allé marron ;
Est-ce c'est ou qui ka payé ?
Lamain, si ou fè larron,
Est-ce c'est ou yo ka taillé ?
Toutt travail moin c'est prend coup,
Et zott pé couè moin feignant,
Moin sré simié rhalé rhoue
Pitôt, bien volontiément.

Fè attention ça moin dit,
Réfléchi; moin pas yon bête,
Pace gens qui coutime souffri,
Ladans lamisè, connaîte.
I faut vlé ça Bon Gué vlé :
C'est yon lalouè pou nous suive;
Pace si yon sel révolté,
Piess pami nous pas k'é vive. »

Magré toutt bon raisonnement
Dos là, pied évec lamain
Dans caze rété fè feignant,
Sans mette dans boudin engnien.
Quèque jou après ça, lafaim
Commencé ba yo toutt chasse;
A fòce bouè dleau, pauve boudin
Vini com yon gros calebasse;
Lamain vini tout fainnein,
Lapeau li vini ridé;
Jam, com bâton meinnein-chien (31),
Pas té capable pòté pied.
Yo toutt mouri. Zott, mes fouè,
Zott qui lamain évec pié,
Pas jamain blié divouè
Zott pou boudin, qui béké.

LE BERGER ET LA MER.

——

Yon nèg, qui té ni conduite,
Gangnein yon troupeau cabrite
Race cinq, loué ti mòceau tè
Qui té côté bòd'lamè.
Li té ka gangnein lagent,
Pas tout plein, mais té content.
Tous les jou, li té ka vouè
Bâtiment lassous lamè
Té ka vini débaqué
Enpile machandise anglais :
Rum, madè, madras, foula.
Gens qui té ka pòté ça,
Dit li yo té ka gangnein,
Pou ti brin lapeine, tout plein
Lagent. Li dit : Si moin vanne
Cabrite moin, dans contrebanne
M'a pé metté lagent là,
Et pis moin va vini gras (32).
Tout suite, dans bouq li allé
Vanne toutt cabrite baille bouché.

Sans pèdi temps, prend lagent,
Metté li dans bâtiment
Qui té ka lé Sainte-Lici.
Quand bâtiment rouvini,
Dans moument pou débaqué,
Ladouaine, qui té ka veillé,
Com chatt ka veillé souris,
Saisi toutt machandise li.
Vouélà pauve nhomme là rété
Evec dé gé pou pléré,
Obligé, pou li mangé,
Loué cò li pou zétrangé.
Pas moin, à fòce li travaille,
Li gangnein encò quèque maille.
Li gangnein dé, trois cabrite ;
Enfin, piti-t'a-pitite,
Ti troupeau li profité.
Yon jou li té ka gadé
Lassous lamè, à présent,
Li vouè encò bâtiment,
Qui vini pou déchagé
Encò machandise anglais.
Capitaine bâtiment là
Vini mandé li comça
Si li té vlé, comme longtemps,
Mette lagent dans bâtiment,
Pou fè yon coupd-contrebanne.
Li réponne ba li : « Banane (33) !
Bon khé moin com ça, ou vlé
Moin baille lagent pou douanié !
Hé ! hé ! moin pas ni bousoin
Fè commèce encò ; moin bien. »

L'ANE ET LE PETIT CHIEN.

—

Yon jou longtemps,
Y té tini lacaze yon zhabitant
Yon piti chien.
Si li té mâle ou ben fimelle,
C'est ça moin pas save bien ;
Tout ça moin save, li té belle.
Maîte li, qui té save ça aussi,
Té ni tout sòte bonté pou li.
Si li pas té, à lhè dinein,
Assise à tabe com yon chritien,
C'est pas té mauvaise volonté,
C'est selment pace li pas té pé
Rété bien douett lassous croupion ;
Lédication
Li té manqué côté tala.
En oute de ça,
Li pas té vlé sèvi ni couteau, ni fouchette;
Li té rhaï sèviette.
Li té ka dit évec raison :
Piss Bon Gué ba moin dent qui bon,

C'est pou mangé ;
Langue nous faite pou souyé.
Pou ça, li pas té tini tò ;
Moin ka fè moin fò
Moutré zott gens qui, sans si bon raison,
Pas ka fè pli de façon.
Si ti chien là té vlé couché,
            Canapé
            Té là ·
            Pou ça.
Ou ben, si li té lé
        Dòmi au frais,
Robe maîtresse li té là
        Pou sèvi matelas.
Et pis yo té ka bo li,
Yo té ka ba li bonbon,
Yo té ka fè li dòmi
Ladans bèceau, com yon piti gaçon.
Chien là té pé bien dit li té héré dans moune ;
Mais, malhérèsement pas com ça pou toutt moune.

    Yon bourique lhabitation,
    Qui té ka vouè, dans lamaison,
    Coument ti chien là té traité,
    Dit : Mais moin sré pé plè béké
    Tout com piti yche maudit là.
    Ça qui empêché moin fè ça
    Li ka fè pou yo aimein li ?
        Yo pé pas dit li si joli ;
    Li pas pli joli passé moin.
    Même, si yo lé gadé nous bien,
    Y'a vouè moin c'est yon pli belle nhomme.
        Demain i faut moin essayé,
    Pou vouè si m'a aussi héré.

Lendemain, vouélà pauve concomme
Coumencé rentré dans lassalle,
Ka fè doctè évec patte sâle,
Ka sauté lassous canapé,
Vlé baille madame yon ti baisé,
Sauté à tè, lévé yon patte,
Pou fè com chien lassous savatte
Mouché, qui té ka trainein là,
Fè lassalle vini com yon mà.

Vouélà madame baille yon lavoué,
Qui fè toutt valett li rivé
Evec bâton, évec tailla,
Evec rigouèze, tout ça comça.
Yo toutt tombé lassous missiè,
Yonne, yon côté, lautt, lautt côté,
Yo ba li yon bon piti chauffe,
Pou moutré li fè philosophe (34).

Tout ça ka moutré zott, mes fouè,
Faut pas chaché sèvi souyè.
Com dit conte là (et li bien voué) :
Bon valett ni lakhé coupé.

LE COMBAT DES RATS ET DES BELETTES.

——

Magré sèpent pas sam chatt,
Yo tout les dé rhaï ratt.
Ou'a dit Bon Gué té metté
Ratt pou sèvi yo mangé.
Tout ça c'est bête malfaisant :
Chatt oh ! ratt ! ou ben sèpent !
Moin pas save ça yo ka fè
Pou yo êtt lassous latè.
Magré, si fallait détrui
Toutt zanimaux qui ka nui,
Moune sré bientôt yon désè;
Pouloss non, mal nécessè ?
Moin pas save; mais, piss Bon Gué
Fè ça com ça, faut nous couè
Li save tout ça li ka fè.

Pou fini, moin vlé conté,
Sans pli encò détounein
Lassous raison, lesprit moin,
Yon chose qui passé longtemps

Pami ratt évèc sèpent.
Ratt déclaré yo laguè.
Pouloss, yo coumencé fè
Préparation, toutt côté,
Pou yo lévé yon namé;
Yo ranne zame pou la milice (35);
Coumencé fè l'exècice;
Fòmé comben régiment;
Ladans latroupe, prend sègent,
Pou moutré yo manévré.
Après yo bien étidié,
Quand yo couè yo té bien fò,
Toutt, en masse, sòti dérhò
Pou allé prend camp sèpent,
Pendant lamisique foré (36)
Yo té ni, coumencé joué
Lè : *Oui c'est Victò Clément...*

Mais, quand yo rivé douvant
Lennemi, té yon lautt zaffè :
Zofficié, pou coumandé,
Té ni bousoin dleau sicré.
Pas moin, magré toutt lapè
Qui té ka tienne yo dans khè,
Yo coumencé labataille;
Mais, quand yo senti mitraille
Ka tombé com graine lapli,
Les pli brave songé couri.
Pas moin, à fòce ça chauffé,
Yo toutt coumencé sauvé;
Yo toutt dit : « Avant nous mò,
Bons pied sauvé mauvais cò. »
Tant soldat com zofficié,

Toutt moune, à présent, voyé (37)
Dans grain là. Lapopilace,
Pou sauvé yo, trouvé place
Dans toutt ti fente, toutt ti trou;
Voltigè, centt, diri-doux (38),
Trouvé moyen serré yo;
Mais, a-tò, quand les pli gros,
Les chefs, tout les olicié,
Ta-tou yo, chaché rentré,
C'était là yon lautt zaffè :
Yo té metté yon maniè
Plimet pou té distingué
Yo, com gens-de-qualité;
Quand yo vini pou serré
Com les autt, yo pas té pé,
Plimet yo empêché yo.
Ça fè, pouloss, tout les gros
Rété dérhò fòcément.
Pensé qui massac sèpent
Fè pami yo. C'est com si
Ou sré jété yon pòt mi
Dans poulaillé vivrié,
Pami poule qui habitoué
Mangé ani malanga.
Jigé, ti brin, qui dégât.

LE LOUP, LA CHÈVRE ET LE CHEVREAU.

———

Yon jou fimelle cabrite sòti
Pou allé rempli boudin li.
Avant li allé, lacrainte loup,
Li fèmein lapòte à doube tou.
Li dit yche li, pa précaution :
« Prend gade to ouvè lamaison ;
Nimpòte qui moune qui crié to,
Moin défanne to réponne yon mot ;
Fè com si to té ka dòmi ;
A moins, poutant, moune là sré dit :
. . . . . . toutt loup. T'a connaîte,
Pa parole là, c'est yon bon bête ;
Pouloss, t'a pé rouvè ba li. »
Quand li té dit ça, li pati.
Yon gros papa loup, pa malhè
(Zott save com bête tala feintè),
Dèriè caze cabrite té serré.
Sans yo vouè li, li bien couté
Ça fimelle cabrite là té dit.
Tout suite, sans pède temps, li vini

Congnein dans lapòte là : to ! to !
— « Ouvè, pou ba moin ti brin dleau. »
Ti cabrite là réponne : « Mon chè,
Moin vé pas rouvè, moin ni pè. »
— « Ça ou ni pè ? » — « Moin ni pè loup. »
— « Ah ! c'est loup ou tini pè ? . . . . .
. . . . . toutt loup, pas nation moin. »
Cabrite dit li : « Ça pas engnien.
Jouré loup si ou vlé, mon chè ;
Mais, si ou vlé lapòte ouvè,
I faut ou fè moin vouè patte ou :
Si li blanc, c'est signe ou pas loup. »
Fallait pas tant pou loup té vouè
Ti cabrite là té pli feintè
Passé li. — Ça fè, lacaze li,
Li viré comme li té vini.

LE LOUP, LA MÈRE ET L'ENFANT.

———

Yon zhabitant té ni caze li
Assez loin, dans pays pèdi.
Yon loup, yon jou, té ka veillé,
Pou vouè si li té pé trappé
Quéchose pou metté en bas dent.
Li té jà là dépi longtemps,
Li té ka coumencé ennui,
Té au moument pou li pati,
Quand li tanne yon ti yche crié.
Li tanne maman là babillé
Aprés yche là ; li tanne li dit
Yche là, si li pas pé guiole li,
Li sré té jété li baille loup.
(Ti mamaille c'est yon bon ragoût
Pou yon bête féroce com tala.
Li té ka filé langue déjà.)
Yche là, quand li tanne palé loup,
Prend crié com yon chatt macou.
Pouloss, femme là dit li : « Moufi,
Pas tini pè, si li vini,

Nous va cué li com you vié chien. »
Missié tanne ça, dit : « Ça pas bien,
Ni dé parole; mais, laissé fè,
Pé bouche! pit-êtt you jou m'a vouè
Ti mamaille là dérhò, pouloss,
Y'a vouè si moin c'est bête féroce;
N'a vouè ça qui sra badinein. »
Com li té ka dit ça, you chien
Vini rentré ladans lacou,
Li sauté lassous compè loup,
Arrêté li. Gens lamaison
Vini évec enpile bâton.
Yo mandé pou loup là, comça,
Ça li té ka fè côté là.
Li dit yo : « Moin té ka passé,
Quand moin tanne madame là palé,
Moin té couè toutt parole béké
C'était parole la vérité;
Mais moin vouè bien ça pas comme ça. »
Femme là dit : « Bon khè moin, loup là,
Ou couè moin sré ba ou you bien
Moin pòté nef mois dans vente moin?
C'est ça joli, épa? » Vouélà
Yo toutt coumencé batte loup là;
Yo sommein li com you lambi,
Et pis yo fini pa cué li.

L'AVARE QUI A PERDU SON TRÉSOR.

———

Yon jou té ni yon compè
Qui té ni enpile lagent.
Li fouillé yon trou dans tè,
Dans mitant yon cimitiè,
Metté lagent li ladans.

Quand lagent là té serré,
Li, à tout t'hè et moument,
Té ka vini pou conté,
Vouè si engnien pas manqué,
Et pis té ka lé content.

A fòce li tounein, virè,
A fòce li allé, vini,
Yon nhomme vouè li. Sans palé,
Li attanne li té allé,
Prend lagent, et pis pati.

Lendemain, quand nhomme vini,
Li pas trouvé lagent li,
Li coumencé ka hélé,
Batte cò li même, prend pléré,
Mandé Bon Gué pou mouri.

Yon lautt qui té ka passé,
Mandé li ça li tini.
— « Ça moin tini? Yo volé
Lagent moin ; té ni passé
Douquoué gangnein yon sicri. »

— « Lagent ou? mais, pouquò fè
Pas gadé li lacaze ou,
Pitôt metté li dans tè?
Ou sré pé, sans craine volè,
Visité li tout les jou.

» Quand ou sré té ni bousoin
Prend ladans pou dépensé,
Ou sré té pé, sans tintoin,
Sans lapeine allé si loin,
Trouvé li là, tout rivé. »

— « Qui côté ou prend, t'en prie,
Parole ou ka palé là?
Lagent trop mal pou vini,
Faudrait moin té pèdc l'esprit,
Pou dépensé li com ça. »

Pouloss, lautt nhomme là prend ri.
Lit dit li : « Metté dans tè
Yon roche adans la place li,
Ça sra pou ou tout com si
Lagent ou té là, mon chè. »

Quand ou ni yon lagent, c'est pou li sèvi ou.
Quand, après lamò nous, yo metté nous dans trou,
    Ça nous ka pòté allé?
Engnien! Pouquò fè non nous ka vouè des gens riche
Vive com des malhéré ; qui pou cò yo même chiche?
    Lagent faite pou dépensé.

LE POT DE TERRE ET LE POT DE FER.

———

Yon jou té ni yon chaudiè
Evec yon gros pott en tè.
Yo té toujou bò fouyé
Dans la cuisine, bò difé.
Chaudiè là dit : « Camarade,
Assez chauffé difé, gade,
Nous ka prend ici anique
Crabe, zéchauffi évec chique ;
Si nous té ka lé promenein,
Nous sré prend plaisi ti brin ;
Tout les dé, en-nous marron. »
— « Qui temps ? » — « Demain. » — « Eh ben ! bon ! »
Lendemain, dans lariviè
Tout les dé rentré. Chaudiè
Coumencé ka congnein lautt,
Ba li coupd-coude ladans côte :
Poumié coup, pott là félé ;
Sougond coup, li déguiolé.

Li dit chaudiè : « Camarade,
Pou lamoude Bon Gué, prend gade. »
Chaudiè la réponne : « Mon chè,
Pas faute moin ; c'est lariviè
Qui ka fè nous contré nous. »
Pas moin, pou yon dènié coup,
Pauve pott tè là défoncé,
Et pis au fond dleau coulé.

Faut pas chaché fréquenté
Gens qui pli fò passé nous.
C'est yon chose zott doué chongé,
Si zott pas vlé trappé coup.

LE PETIT POISSON ET LE PÊCHEUR.

———

Yon vié nhomme, yon bon matin,
Té ka péché évec zain.
Dans maniè péché tala,
Prend yon pouésson ça si ra,
N'impòte ça qui mòdé lac,
Ou ka metté li dans sac.
Vié nhomme là, dépi yon nhè,
Tout com yon gros mâle macaque,
Lassous yon roche lariviè
Té assise, sans prend engnien,
Ecepté yon vié pangnien.
Dé jam li té engoudi,
Li té jà envie dòmi,
Li té ni doulè dans cou,
Quand li senti, yon bon coup,
Yon pouésson mòdé zain là.
Li rhalé li com i faut,
Li trouvé yon ti téta
Pas pli gros com yon gombo.
Tout suite, pangnien li li prend

Pou metté pouésson ladans.
Ti téta là dit : « Mouché,
Ou pas ka fè attention
Moin p'encò bon pou mangé.
Dit ou même, qui coubouillon
Ou va pé fè évec moin ?
M'a pèdi dans lasauce li.
T'en prie, couté moin ti brin :
Quitté moin allé jòdi.
Si ou vlé attanne quèque temps,
Moin va pé vini pli grand,
Ou va rouvini péché
Moin, vanne moin pou gros mouché,
Qui va payé moin bien chè. »
Péchè là dit li : « Mon chè,
Si ou couè moin c'est yon sott,
Ou tini tò. Chè cocott,
Piss jòdi moin quinbé ou,
Faut allé dans canari.
Gras, maig, gros ou ben piti,
Sans moin attanne yon lautt jou,
M'a mette ou dans cadave moin.

Ainsi, nous doué tini soin
Prend tout ça Bon Gué voyé
Ba nous, n'impòte ça ça yé.

LE CHEVAL ET LE LOUP.

—

Yon loup, yon jou bon matin,
Sòti dans cabane. La faim
Té ka pressé li mangé.
La veille, li pas té soupé.

Ladans yon savane, li vouè
Yon chouval. Li dit dans khè :
Bon mangé, si moin té pé
Prend li, pòté li allé.
Mais doucement, pas yon mouton,
Evec li faut t-ètt feintè,
Faut bòdé li en doucè,
Pou profité loccasion.
Li dit chouval : « Sèvitè.
Tel com ou ka vouè moin là,
Mon c'est yon mèdecin, mon chè ;
Magré moin jeine, moin déjà
Connaîte des rimède supèbe,
Moin ka fè évec ti zhèbe.

Moin vini chaché ti brin
Balai-doux moin ni bousoin.
Si ou tini maladie,
Pas lapeine allé oti
Dautt mèdecin ; moin, sans payement,
M'a ba ou des bon longuent. »
Chouval là réponne comça :
« Yon gros piquant zaccacia
Ladans talon moin rentré ;
T'en prie, souplé, piss ou vlé
Bien traité moin, prend lapeine
Gadé bien si lacangrêne
Pas ladans. » Loup là vancé
Pa dériè pou visité
Pied là. Mais, dans même moument
Li té ka lé prend zélan
Pou sauté lassous lautt là,
Tout com yon gros mabouïa,
Chouval ba li yon coupd-pied,
Qui fè toutt dent li tombé,
Metté guiole li en mamlade,
Fòcé li mangé panade
Pendant comben temps aprés.

C'est ça qui té doué rivé
Pout tout ça qui ka chaché
Joué rôle pou trappé les autt.
Chouval là pas té yon sott.

LE LABOUREUR ET SES ENFANTS.

—

Zott jà save Bon Gué pas aimein
Gens qui pas jamain fè enguien;
Gens qui connaîte mangé farine,
Qui pas connaîte planté mangnoc;
Qui, toutt lajounein, ka bouè croc;
Chauffé difé dans la cuisine;
Qu'a rété accoupi dans sanne,
Pou rôti bac évec banane.
Aussi, yo ka vini boubouffe,
Yo ka enflé lamode quioufquioufe,
Lapeau yo ka sam lapeau yame,
Vente yo ka vini com vente femme
Grosse; yon bon jou yo ka crévé
Sans quèquefois chongé confessé.
Ça pas lavie pou yon chritien :
Quand ben même Bon Gué ba ou bien,
Ou doué travaille pou soulagé
Ça ou connaîte qui malhéré.
C'est pou ça yon vié zhabitant
A lhè li té ka lé mouri,

7

Dit pou trois gaçon li té ni :
« Couté bien papa zott, zenfant,
Zott saye ani ti mòceau tè
Moin tini pou quitté ba zott;
Pas jamain vanne li baille yon lautt
Quand moin va ladans cimiquiè,
Pace moin save tini yon lagent
Pendant temps laguè yo serré
Ladans. Moin pas save qui côté ;
Mais si zott pas rété feignant,
Tout-patout si zott vlé fouillé,
Yon jou ou lautt, zott va trouvé
Lagent là. » Pouloss, quand papa
Yo té mò, ces trois gaçon là,
Aprés yo té fini pléré
Plein boudin yo, yo coumencé
Labouré tè, labouré tè,
Dépi bon matin jouque au souè.
Pas moin, yo fouillé tout-patout,
Sans yo pas trouvé même yon sou.
Mais, com tè là té dégradé,
Yonne dit : .« Eh ben ! en-nous planté
Mangnoc, patate, banane, couche-couche,
Giraumon, pois angole, pois souche,
Tout sòte léguime dans terrain là,
Ça va fè yon joli dégra. »
Les autt dit oui. Yo coumencé
Planté, planté tout sòte mangé.
Yo coumencé vanne. A présent
Yo ramassé comben lagent,
Jouque temps yo té ni assez maille
Pou gangnein yon nèg pou travaille
Ba yo. Pouloss, pli piti là,
Quand li vouè tout ça té com ça,

Li dit : « Zott, papa té savant :
Li té save pas té ni lagent
Enterré ici ; pou fòcé
Nous travaille, li trouvé conté
Yon troube ba nous (39). Mais, grâce à li,
Poutant, nous pé connaîte jòdi
Travaille c'est chaché yon lagent
Ou toujou su trouvé ladans
N'impòte qui terrain ou fouillé,
Avec la pèmission di Dié.

L'ANE PORTANT DES RELIQUES.

—

Yon jou té ni yon bourique
Qui té ka pòté rilique.
(Moin pas bousoin expliqué
Ba zott, ça ça rilique yé,
Zott douè save, si zott chritien,
C'est rhade évec zo les saint.)
Pouloss, toutt bon moune, dévôte,
Té ka vini fé tout sòte
Gesse, té ka chanté cantique
Douvant rilique là. Bourique
Qui té ka vouè ça, té couè
Té pou li yo té ka fè
Tout ça. Nein li té gonflé,
Li té couè li grand mouché,
Li té ka maché doctè.
Yon moune vouè ça, pas bonhè,
Li dit pou ça qui té là :
« Zott jà vouè travail com ça?
Gadé bourique là carré,
Com si c'est li qui Bon Gué !

Ah ! fouinq ! ça c'est yon belle face. »
Ça fè, yo prend yon dibasse (40),
Yo vini baille bourique : boh !
Bon coupd-bâton lassous dos.

C'est com qui diré valett
Qu'a sèvi ladans caze maîte.
Yo couè yo plis passé nous,
Qui dans jadin ka tienne rhoue.
Pace yo tout bien habillé,
Yo ka couè yo des missié ;
Yo couè yo changé lapeau.
Pas moin, ça moin save, dos yo
Pas à labri. Coumandè,
Quèquefois, pou yo ni zaffè.

L'AIGLE ET LE HIBOU.

—

Souvent moin bien embarrassé
Quand moin ka coumencé conté
Yon conte ba zott, pa lapòtt bête
Tout sòte pays moin ka palé,
Zott, gens ici, zott pas connaîte.

Faut di zott laigle c'est yon zouéseau
Qui pami tout zouéseau bien gros.
Li pas ka mangé vè com melle,
Li ka mangé gros zanimaux.
Li pli fò passé mouché Vail.

Hibou, pauve guiabe, bien au contrè,
C'est yon bête qui toujou ni pè;
Li faibe, li capon, li feignant.
Vouè li ka pòté moune malhè.
Li laide passé yon souclian (41).

Laigle évec hibou fè zami.
Laigle là fè yon sèment ba li,
Li pas sré té jamain mangé
Yche hibou ; quel faim li sré ni,
Yo sré pa li bien respecté.

Mais hibou là dit li : « Mon chè,
Ou pas connaîte yo, si malhè
Vlé yo tombé en bas patte ou,
Ou'a mangé yo com d'autt lachè,
Sans ou save yo c'est yche hibou. »

Laigle là dit li : « Pou empêché
Ça rivé, dit moin com yo yé. »
Hibou réponne : « Yche moin joli,
Yo belle, mon chè, com pas palé !
Vouélà tout ça moin ni pou dit. »

Pouloss, Bon Gué, au boute quèque temps,
Voyé baille hibou quèque zenfant.
Yon jou, au souè, hibou sòti
Pou zaffè. Vouélà, en passant,
Laigle là découvè ti yche li.

Dans trou yon vié miraille, li vouè
Quate ou cinq ti zouéseau. Dans nouè,
Yo té ka sam dé ti zombi.
Bien su, c'est pas yche macoumè
Moin qui dans trou là, laigle là dit.

Missié pas fè ni yonne, ni dé,
Tout suite li coumencé soupé,
Mangé les pauve ti zanimaux,
Valé toutt, quitté ani pied
Yo, dans niche yo, pou maman yo.

Quand hibou rentré lacaze li,
Li couè yche li té ka dòmi.
Quand li trouvé ani pied yo,
Vouélà li coumencé gémi,
Traité compè laigle de bourreau.

Li allé plaine pou lajistice.
Yo dit : « Ça ou vlé nous fè, piss
Ou dit laigle yche ou té joli
Passé pessonne. I faut t-êtt jisse ;
Yche ou té sam des ti zombi.

Si laigle mangé yo, pas faute li.
C'est lintention nous doué pini. »
Hibou là rété sans dit : haque !
Yon vié provèbe ka dit : Macaque
Laide pas jamain trouvé yche li.

L'OURS ET LES DEUX COMPAGNONS.

—

Té ni dé zhomme, les autt fois,
Qui té ka chaché dans bois.
Yo té coupé associé
Pou yo té fè même métié.
Yo té ka cué tout sòte bête
Pou vanne lapeau yo. Pou tête
Toutt zanimaux malfaisant
Yo té ka ba yo lagent.
You bon jou yo té bò tè (42),
Yo pas té save coument fè,
Yo té envie bouè tafia.
Mais fallait lagent pou ça.
Lacaze yon nhomme yo allé,
(Nhomme là té yon bon béké.)
Yo dit nhomme là, à présent,
Nous tini bousoin lagent.
Si ou vlé ba nous quèque sous
Nous va cué yon louss ba ou.
Nhomme là di oui, li ba yo
Trois goude évec trois moco.

Yo allé dans cabaret
Toutt lagent la dépensé
Aprés dans bois yo allé.
Ani yo té arrivé
Yo voué yon cètain gros louss
Qui pas té tini lè douce.
Tout les dé pè yo té ni.
Yonne prend couri et pis dit :
« Bons pied sauvé mauvais cò. »
Lautt fè com si li té mò,
Li couché, quinbé cò li
Bien raide, lhaleine li aussi
Li quinbé, pou badinein
Louss qui pas té ni nein fin.
(Zott pas ka ri louvrage là.)
Quand louss là vini comça,
A tè, tout longue, li vouè li,
Li dit : « Hé ! li ka senti.
Si moin rété ici plis
M'a ni choléra-mòbis. »
Quand li dit ça li foucan.
Nhomme là lévé, li dit : han !
Si moin pas té ni lesprit
Atuellement moin sré té frit.

C'est com gens qui té pati
Pou allé dans bois lorrain.
La.... fiève prend yo dans chimin,
Obligé yo rouvini.

LE COCHET, LE CHAT ET LE SOURICEAU.

—

Yon jou, yon tout piti souris
Manqué pris dans yon cabouïa.
Vouéla comment li conté ça
Quand ladans caze li rouvini :

« Moin té sòti tout douvant jou,
Pou allé baignein lariviè,
Quand en passant bò yon lacou
Moin longé cou moin pou moin vouè

« Ça qui té ni dans lacou là.
Moin vouè dé bête bien différent :
Yonne qui té ka sam yon coupd'vent,
A fòce li té ka fè fracas.

« Li baille yon lavouè com tonnè ;
Bras, croupion li, té ni ladans
Bagage com branbranne çavolant ;
Assous tête li mòceau lachè ;

« En bas cou li yon mòceau tripe,
Qui té tout rouge, com yon piment;
Dériè pièd li dé grand piquant;
Tout ça fè moin prend li en gripe.

« La pè fè moin vini tout blême;
Moin senti toutt vianne moin maché,
Com quand zombi yo ka palé. »
Et bête là c'était yon coq ghême.

Li continué conté : « Lautt là
Té bien différent. Sans la pè
Qui té ka tienne moin ladans khè
Moin sré dit li : bonjou papa.

« Moin couè li doué t-êtt parent nous :
Li ni ti pouel lassous cô li,
Yon grand lakhé, belle ti zié gris;
Tout visage li paraîte bien doux.

« Mais lacause lautt là moin foucan.
Moin jouré li ! » Maman li dit :
« Ou doué li grand mèci, mou fi,
Pace lautt là c'est yon bête méchant.

« Yo crié li chatt. Toutt métié
Lassous latè bête là tini,
C'est mangé ratt évec souris.
Ainsi, mou fi, ou bien héré

« Ou té tini pè, pace jòdi
Ou sré défint ladans boyau
Chatt qui, pou nous, c'est yon bourreau.
Tandique lautt là ou vlè maudit,

« Pas vlé nous mal, bien au contrè,
C'est li souvent nous ka mangé.
Ou doué dit grand mèci Bon Gué
Ni bête comça lassous latè. »

Combien ni moune qui, com souris,
Ka trompé yo lassous les gent.
Pas jigé lassous l'habillement,
Nous doué jigé lassous lesprit.

LE VIEILLARD ET L'ANE.

—

Longtemps té ni yon vié béké
Qui té tini yon mâle bourique.
Jamain bourique pas té gâté
Comme ta là : li té ka mangé
Ani zhèbe guinein. Evec sique
Yo té ka fè grape pou missié !

Mais béké là té tini tò :
Gâté nèg ça pas vaut engnien,
C'est préparé yo mauvais sò ;
Si créanciers ou ben lamò
Fè yo passé dans dautt lamain
Ni tropp changement pou yo, à-tò.

Dépi bourique là té piti,
Li té lévé dans lamaison.
Quand li trouvé li té grandi
Pami les autt maîte li chouési
Li pou sèvi montu ; c'est yon
Travail qui pas té pé cué li,

Pace maîte li qui té vié, rament
Ladans caze li té ka sòti.
Cétait les dimanche tant selment
Li té ka décanne tout doucement
Dans bouq, qui pas té loin, pou li
Té tanne lamesse. Bien su, zenfant,

Té ni douqoué pou contenté
Bourique talà évec sò li.
Zott ka lé vouè com li payé
Maîte li, you jou, pou toutt bonté
Li. Yo tini bien raison dit
Nous pas jamain bien, là nous yé.

You jou nhomme là té lassous dos
Bourique, yo té sòti lamesse,
Yo té ka remonté là rhaut,
Yo vouè you belle pièce zhèbe couteau.
Bourique dit : « Maîte, gosier moin chesse.
Quitté moin mangé ti mòceau.

Maîte li dit li oui, li quitté
Bourique allé dans zhèbe couteau,
Débridé et pis dessellé.
Bourique coumencé bien mangé
Adans zhèbe là, bien comme i faut,
Cabriolé, sauté, roulé.

Pouloss c'était dans temps la guè;
Anglais té ka batt toutt pays.
You bon coup vié béké là vouè
Anglais ka vini. Li té pè.

Li crié bourique là : « Vini,
Tein-mi Anglais, en-nous, mon chè. »

Ça zott couè bourique réponne li ?
« Pouquò fè ou vlé moin sauvé,
Moin pas vouè qui mal qui tini
Pou moin si moin rété ici ? »
— « Qui mal ? Moin dit ou mi Anglais,
Anglais ka lé prend ou, moufi. »

— « Eh ! ben, après ? est-ce selle anglais,
Si yo mette li lassous dos moin,
Va pli lou passé selle français ? »
Nhomme là dit non. — « Eh ! ben, mouché,
Si c'est la même chose, moin fouben ;
Toutt maîte c'est maîte, en vérité. »

Ça c'est yon défaut qui commin ;
L'ingratitude yo crié li.
Comben gens ou ka fait dibien,
Qui après. . . . .
. . . .
. . . .

LE CHIEN QUI LACHE SA PROIE POUR L'OMBRE.

Yon chien té sòti la boucherie
Evec mòceau viane dans guiole li.
Li ka passé yon lariviè,
Li vouè lombrage li ladans dleau
Qu'a quinbé yon mòceau lachè
Qui té ka paraîte li pli gros
Passé ça li té ni dans guiole.
(En vérité conte tala drôle !)
Com li pas té connaîte mirouè,
Li couè c'était yon chien pou bon,
Douvant gé li li té ka vouè,
Qui té ka maché en bas pont.
Missié té safe. Evec lautt chien,
Pou prend viane li, li vlé goumein.
Li quitté mòceau li tombé
Dans dleau, qui pòté li allé.
En même temps viane lautt disparaîte.
Pouloss, missié rété tout sott
Quand li vouè c'est pas té yon lautt
Chien, c'était li qui té yon bête.

Conte tala ka fè moin chongè
Yon ti zhabitant vivrié
Qui, fatigué planté mangnoc,
Patate babade évec diri,
Yon bon jou té vlé fè soucri
Evec yon vié piti bicoc;
Planté canne, raché toutt vive li,
Dépensé lagent li té ni,
Vive à crédit, fè enpile dette;
Et pis jou qui rivé pou mette
Canne dans moulin, li pas té ni
Yon chaudiè pou cuite visou li.
Li vouè trop ta li té ni tò.
Pouloss toutt moune li té ka doué,
Voyé ba li en pile hissié
Qui prend missié metté dérhò:
Quitté li dé gé pou pléré.

LES ANIMAUX MALADES DE LA PESTE.

—

Yon fois té ni yon maladie
Qui té tombé lassous les bête.
Moin pas save ça ça té pé t-êtt :
Larougeole ou ben lajolie.

Bien su yo toutt pas té ka mò ;
Mais malade toutt té ka tombé.
Tout les jou yo té ka terré
Ladans cimiquiè comben cò.

Lion, qui té roi les zanimaux,
Baille lòde yo batte au son-d-tambou,
Pou toutt bête té yon cètain jou,
Pou tienne séiance, assemblé yo.

Yo toutt rivé dans mitant bois.
Compè lion dit yo : « Mes zami,
Moin fè dit zott vini ici ;
Pit êtt bien c'est pou dènié fois.

» Si moin dérangé zott, messié,
C'est pou palé zott maladie
Qui ka fè si tant bête mouri ;
A cette fin pou nous pé chaché

» Ça qui fè bon Gué en colè ;
Ça, bien su, c'est pou yon péché
Quéquin commette, Bon Gué voyé
Yon tel flérau lassous latè.

» Faut chaquin, pami nous, avoué.
Com li sré fè douvant yon pè.
Toutt péché li sré té pé fè
Pou attiré colè Bon Gué.

» Pou moin, moin pas ka lé dit non,
Moin save moin c'est yon grand péchè :
Moin cué bien des bête à tout-t-hè,
Dépi bête-à-còne jonque mouton.

» Si c'est moin qui lacause chagrin
Bon Gué voyé ba nous jòdi,
Si i faut c'est moin qui mouri,
Moin prett, pou zott, baille lavie moin. »

Macaque, qui poumié maîte flattè,
Vancé, pouloss, pou dit yon mot.
Li dit : « O roi les zanimaux,
Jòdi moin vouè ou ni bon khè.

» Mais pace ou aimein nous, faut pas
Dit c'est ou qui lacause malhè
Là; pace pou bête c'est you lhonnè
Ou fè yo, traité yo com ça. »

Li fini, toutt moune applaudit;
Pace yo toutt té ni pè les gros.
Yo mandé piti zanimaux,
Ta-tou yo ça yo ni pou dit.

Pauve bourique, qui té dans you coin,
Quand yo dit li vini palé,
Coumencé tremblé you tremblé;
Dit yo : « Bien su moin pas you saint.

» Moin chongé you jou moin té faim.
Moin té, toutt lajounein, maché.
Rivé côté la Trinité,
Moin trouvé moin dans zhèbe guinein.

» Ça m'a dit, zami? c'est malhè !
Moin mangé dé ou trois bouché;
Mais moin fè là you grand péché....
Zhèbe guinein là té ta you pè. »

Aïe ! aïe ! aïe ! ça yo toutt tanne là?
Volé zhèbe pè !!! yo toutt crié :
Bien su c'est li qui ka causé
Nous toutt tombé malade com ça.

Lassous bourique yo toutt tombé ;
Yo bimein li com yon lambi.
En bas coup yo fè li mouri.
Com ça, pou les autt li payé.

C'est com ça moune lassous latè
Ka agi. Yon chose ou va fè,
Si ou gros mouché va enguein,
Si ou pauve guiabe i sra tout plein.
Ainsi, gros mouché qui ka bouè
Jouque tant pou yo fè train les souè,
Com matelot soûl, ladans lari,
Qu'a empêché toutt moune dòmi,
Y'a dit com ça yo *dérangé*.
Mais dit yon pauve guiabe fè yon jou
Com yo, yo même yo va crié :
Zott gadé bougue là com li *soûl*.

LE HÉRON.

Yon jou, bò yon lariviè,
Caïali té ka promenein.
Missié té lè fè doctè,
Pas té pressé pou dinein.
Et poutant enpile pouésson,
Dans dleau là té ka nagé.
Yon moune qui sré ni raison
Sré té péché pou mangé
Pli ta, quand lhè sré vini ;
Mais feignant là té ka dit :
Quand moin va senti la faim,
Quand moin va à lhè dinein,
M'a vini prend ça qui faut.
Pouquò fè rentré dans dleau
Avant vente moin mòdé moin,
Mouillé pied moin pou enguein ?
Piss i faut ani baissé
Yon ti brin, pou ramassé,
Pi ta i sra assez temps.
Quand li dit ça, li foucan.

Pas moin, à l'oce li promenein,
Li coumencé tini faim ;
Li rouvini pou péché.
Toutt pouésson là té allé
Magré li fè tout sòte niche,
Li pas trappé yon cribiche ;
Yo toutt té allé dòmi
Sans espéré caiali.
Vouélà missié obligé
Allé dòmi sans soupé.

Pami zott toutt, chè vouésin,
Moin save y tini tout plein
Qui ka fè com caiali.
Mais couté ça moin ka dit :
Faut moune travaille lajounein
Si yo vlé au souè dinein.
Et c'est pas à lhè soupé
Yo doué chongé pou metté
Calalou lassous difè.

LA FILLE.

—

Fi yon zhabitant sicrié,
Quand li vini bon pou marié,
Coumencé fè ladifficile;
Toutt gaçon qui té ka vini
Pou fè lamou, li té ka dit
Yo : T'en prie, quitté moin tranquille.
Pas té tini yonne assez belle,
Assez nobe, pou êtt nhomme mamzelle :
Tala té tini trop grand pied,
Yon lautt té ka paraîte trop vié,
Tala té ka pòté linette,
Tala té tini lè trop bête,
Tala pas té tini sous-pied,
Lautt lavalasse té ka pòté (43),
Lautt té trop gros, lautt té trop mince,
Lautt té trop grand, lautt trop piti,
Yon lautt pas té tini soucri....
Pou li fallait attanne le prince
Di Joinville. A fòce rifisé,
Li rété long-temps sans marié.

Li té ka vouè toutt zami li
Tou-à-tou tini yon mari.
Li coumencé mouté en graine,
Ça coumencé fè li lapeine ;
Pace pas ni engnein femme rhaï
Ladans moune com rété vié fi.
Quand li vouè pas té ni pessonne
Encò, pou réponne *codeinne ponne* (44),
Li coumencé bien réfléchi
Li té ni tò agi ainsi.
Com li pas té ni lamouré
A cause li té déjà ridé
Li té fòcé pren lécolomme
Papa li. C'était yonne ces nhomme
Yo coutimein crié poban,
Engnien ditout, yon *macicouel* (45).
Ça fè fi vouè, magré yo belle,
Yo pas doué méprisé les gens,
   Anh !

LA LAITIÈRE ET LE POT AU LAIT.

———

Té ni yon négresse, zott tanne,
Qui té tini yon pott laitt.
Li té ka lé dans bouq vanne
Laitt là. A fòce li té bête,
Dans chimin li ka compté
Evec lagent yo va pé
Ba li pou machandise li.
Ça li va fè. A présent
Li ka dit : M'a fè pain-mi
M'a allé vanne dans lari.
Ça va ba moin gros lagent;
Après m'a fè diri doux,
Macriau frit, calalou,
M'a vanne ça pou nèg canot.
Moin va pé fè jouque mabi.
Et pis m'a vanne pouésson frit,
Losi, zabocat, mango.
Tout ça va ba moin lagent.
Moin va gangnein belle mouchoué,
Moin va faraud. A présent,

Quand moin va desçanne Saint-Piè
Evec yon chimise brodé,
Belle jipe, belle souliers dans pié....
Allons donc ! moune vo sòti
Pou yo voué moin : aïe ! aïe ! aïe !
Y'a dit : Ça pas yon canaille.......
Vouélà li congnein pied li :
Tout longue à tè li tombé ;
Toutt pott laitt là renvessé.
Yon sel coup li vouè à tè
Toutt bagage li té lé fè.
Pauve femme coumencé pléré
Evec pangnien chaviré
Lassous tête li, li allé
Conté ça pou mari li,
Qui ba li yon ti fionfion,
Pou fè li fè attention
Yon lautt fois, et pis dit li
Couté ça conte là ka dit :
Jamain dans moune nous pas doué.
Ladans...... poule, compté zè.

LES DEUX COQS.

—

Yon vié provèbe gens les-autt-fois
Ka dit nous c'est femme qui lacause
Si nhomme malhéré; c'est yon chose
Qui voué, moin vouè ça bien des fois.

Dé coq té ka vive bon zami
Dans yon lacou; yon poule vini,
Vouélà yo coumencé goumein.
Toutt moune couri pou yo gadé.
Belle lhabitide pou des chritien !
Aulié yo chaché séparé
Gens qui prend goumein douvant gé
Yo, c'est à qui ka vini dit :
Pou yon tel m'a fè yon pari.
Yo pas sré fè yon Lamentin ,
Yo vlé fè yon Paris? Chaquin
Ka crié: houlo ! bien ! ba li !
Quand, en bas coups, sang ka vini ,
C'est à qui ka poussé difé.

Bien su ça pé pas plè Bon Gué.
Ces dé coq là goumein longtemps.
Yonne prend couri. Lautt, à présent,
Qui té rempòté la victouè,
Bò poule allé maché doctè.
Bo li, caressé li. Après,
Li mouté lassous colombié.
Chanté cokioco ! batte zaile,
Pou fè poule là vouè li té belle.
Yon malfini té ka passé (46).
Li tanne compè coq ka chanté,
Li vancé bò li en doucè,
Dos bas, dos bas, com yon chassè.
Prend missié, pòté li allé,
Et pis mangé li pou soupé.
Lautt coq là qui té prend couri,
Quand li vouè lautt là pas té là.
A còté poule là li vini
Fè philosophe. Après tout ça,
Zott couè poule là méprisé li ?
Pli souvent ! pou yon femme toutt nhomme
C'est nhomme, gens lesprit com concomme.
Evec li poule là fè lamou,
Yo tout les dé marié même jou.

LES FEMMES ET LE SECRET.

—

Pas ni engnien qui ka pésé.
Com yon parole ou doué gadé.
Yo dit négresse faibe côté là.
Ça voué; mais poutant pou palé
Yo pas faibe passé femme béké.
Et moin ka lé fè zott vouè ça.

Yon jou té ni yon négociant,
(Moin ka palé zott gens longtemps,
Faut pas pessonne prend ça pou yo),
Qui té vlé vouè en badinant
Si femme li té aimein cancan.....
Si mouche-à-miel aimein sirop!

Dans lanuit, quand yo té couché,
Nhomme là coumencé ka crié;
Femme là lévé. — « Pas dit pessonne,
Nhomme là dit li, ça qui rivé,
Gadé, machè, tein-mi yon zé
Tout-à-lhè nhomme ou sòti ponne. »

I faudrait femme té pli savant
Passé yo yé, pou vouè ladans
Yon chose com ça yon cabouïa.
Tala dit : « Moin ka fè sèment
Pas dit. Ou pé ba moin boucan
Si moin palé quéquin de ça. »

Pas moin, ani li té lévé,
Femme pas ni enguien pli pressé.
Allé lacaze macoumè li,
Pou conté ça qui té rivé :
Dit nhomme li té ponne yon gros zé,
Soulagé khè li et pati.

Macoumè là té fè sèment
Pas palé ça pou yon vivant.
Mais ani femme là té pati,
Li conté ça pou toutt parent,
Pou toutt zami li. A présent.
Au lié li dit yon zé, dit dix.

A lafin lajounein, nhomme là
Té ponne yon pangnien samboura (47).
Chose yo ka palé ka longé :
Yonne dit li té ponne zé léza,
Lautt zé codeinne, lautt zé cana :
Té tini tout sòte qualité.

Femme là ranne nhomme li malhéré.
Ladans zoreille nèg ça tombé :

Ça té fini ! pas ni pessonne
Qui de ça pas tanne yo palé.
Et toutt ti mamaille prend chanté :
C'est yon zé codeinne nhomme la ponne...

Quand zott ni quéchose pou palé,
Fè attention ça qu'a couté,
Si zott pas vlé toutt moune save li.
Zott save toutt moune aimein causé,
C'est pou ça i faut pas blié
Zoreille pas tini couvèti.

————————

LES SINGES ET LE LÉOPARD.

—

Si ou pas vlé tini mal dos,
I faut rété dans ti coin ou.
Piti pas doué fréquenté gros,
Nèg pas doué joué évcc maîte yo;
C'est moyen pou pas trappé coup.

Zott jà save c'est yon vérité,
Poutant, zott ni lè pa save li;
Zott vlé rentré dans société
Les gens zott douè pòté respé;
Et ça toujou ka mal fini.

Yon jou, dans temps gens lés-autt-fois,
Enpile macaque semblé en masse
Pou yo té joué, dans mitant bois,
Rappòté à la farine grasse.
Faut moin, pou ça qui pas connaîte
Jeu là, dit yo ça ça pé t-êtt.

C'est yon jeu toutt moune ka rangé
A la file ; yonne ka lé serré
Gé li lassous jounoux yon lautt,
A sel fin dériè fouque quilotte
Li pa côté les autt tounein.
Pouloss, chaquin, évec lamain,
Ka vini ba li yon ti coup;
Yo ka continuein ; tou-à-tou,
Jouque temps pauve guiabe là diviné
Ça qui batte li. Quand li manqué,
Yo ka dit li (vouélà la face) :
« *Rappòté à la farine grasse.* »
Et tantque li pas metté lamain
Lassous ça qui sòti congnein,
Faut li rouviré com yon sott
Serré gé li pou prend yon lautt.
Quand moune ka joué yo coutime ri;
Macaque pou ça pas té en faute;
Yo té ka roulé, quinbé côte,
A fòce bagage là té joli.
Compè tig qui té ka dòmi
Tout côté là, tanne yo ka joué;
Pouloss côté yo li vancé.
Macaque lévé pou prend couri.
Mais compè tig dit yo : « Pas pè,
Mauvais moune dit zott moin méchant,
Faut pas couté yo, mes zenfant,
Jòdi même moin vlé fè zott vouè
Moin pas mauvais com yo ka dit.
Zott ka joué yon jeu amisant,
Si zott vlé laissé moin ladans,
Zott va vouè com m'a fè zott ri. »
Ces macaques là dit li : « Ladans. »
Yo coumencé joué. A présent,

Quand ta-tou compè tig vini,
Li vancé, li baille macaque là
Yon cètain coup lassous.....
Cinq zong li rentré dans lachè
Pauve macaque là, com yon cuillè
Ka rentré dans yon matété (48).
Macaque la fè yon lagrimace
Quand li vouè sang li ka coulé.
Li dit : « Magrè ça, pas yon face
Pou fè yon moune quand yo ka joué.
Si ou fè ça en badinant,
Jigé, mon chè, ça ou va fè
Si quéquin mette ou en colè ?
Messié, bonsouè, moin ka foucan. »

FIN.

NOTES.

---

(1) Page 5.

Pas té yon péchè couquia,
Ni yon mangè macriau.

On appelle *couquia* ou *bac* une sorte de crabe qui remplace la morue lorsque celle-ci manque au garde-manger.

Le maquereau salé (*macriau*) est fort estimé dans la classe pauvre, surtout à la campagne.

(2) Page 5.

Fè sòcié évec quinbois.....

Fè sòcié c'est avoir commerce avec le diable (*zombi*), faire des maléfices. Le *quinbois* c'est le poison ou le philtre. On dit que l'étymologie de ce dernier est *tiens, bois...*

(3) Page 6.

Nèg, béké, toutt doué souffri.

Parmi les nègres, *nèg* se dit pour *esclave*, et *béké* pour *maître*. Ce vers doit donc se traduire ainsi :

Esclaves, maîtres, tous doivent souffrir.

(4) Page 9.

Ou ni lè yon esquouaïa.

En français :

Vous avez l'air d'un gentilhomme.

Esquouaïa vient évidemment du mot anglais *esquire*.

(5) Page 9.

Ou doué passé pou yon lhuile
Augustin Fabe.

Yon lhuile Augustin Fabe (une huile d'Augustin Fabre).
C'est tout ce qu'il y a de plus recherché, de plus raffiné.

(6) Page 10.

Yo dit moin pas ni chantrelle.....

On appelle *chantrelle* une femme qui fait métier de chanter dans les *bamboulas* où, comme on sait, l'on danse aux chansons accompagnées du *tam-tam*.

Les principales danses sont le *bèlè*, le *caleinda*, le *guiouba*, le *cosaque* et la *biguine*.

(7) Page 10.

. . . . Doudoux,
Gens qui save passé saindoux....

Doudoux est un petit mot d'amitié, comme *chè*, *cocott*, etc. Ces mots sont souvent employés dans un sens ironique.

Passé saindoux c'est couler une flatterie.

(8) Page 10.

. . . . . . lesprit cò conduit cò.

En français :

L'esprit du corps conduit le corps.

C'est un adage dont les nègres aiment à se faire l'application, quand ils ont réussi dans une entreprise où ils ont dû déployer quelque habileté.

(9) Page 11.

Calalou crabe tranglé moin.

Le *calalou* est une espèce de soupe qui se fait avec des crabes, des gombeaux, des feuilles de siguine ou calalou et un morceau de lard ou de jambon.

(10) Page 12.

Fè doctè.

Faire le docteur ou le *flambant,* c'est se donner des airs de supériorité.

(11) Page 15.

Yon khè dit loup là.

Khè (cœur) signifie idée, inspiration.

(12) Page 15.

Côté li ou trop cravate.

On appelle *cravate* les nègres paresseux qui s'entretiennent de petites ulcères aux jambes pour être dispensés de travail. Leurs camarades leur ont donné ce nom à cause des petites bandelettes de toile dont leurs jambes sont enveloppées.

(13) Page 15.

Li va voyé ou dans cabane.

Il vous blessera, vous serez obligé de garder le lit
(*cabane*).

(14) Page 16.

. . . . ani faute ou
Si ou pas ka fè guiole doux....

. . . . c'est à vous la faute
Si vous ne vous faites pas la gueule douce....

(Si vous ne faites bonne chère.)

. . . . Sèvi *souyè*
Servir de complaisant, de plastron.

Ces mots paraissent rendre assez bien l'idée exprimée
par La Fontaine :

. . . . à son maître complaire.

(15) Page 18.

En-nous coupé associé.....

Coupé associé signifie faire société. On dit couper,
parce que, lorsque semblable convention a lieu, les
deux contractants se donnent la main et une troisième
personne frappe ou coupe au milieu sans désunir les
mains jointes. Cette cérémonie accomplie, l'engagement
réciproque est tenu pour sacré. Lorsqu'elle n'a pas eu
lieu et que l'un des associés vient à manquer à ses obli-
gations, il ne manque pas de dire pour s'excuser : *Nous
pas té coupé* (nous n'avions pas fait couper).

(16) Page 18.

Maniè yo té calé pois

L'expérience a démontré aux nègres qu'il ne faut jamais écosser ou voir écosser des pois quand on doit aller à la chasse ou à la pêche. Cela porte malheur.

(17) Page 23.

Palé gras. — Parler avec assurance.

(18) Page 26.

Cabouïa. — C'est un mot caraïbe qui signifie corde. C'est un nœud coulant, un lacs, dans le patois créole.

(19) Page 36.

. . . . Tala sèvi
Canari li dans yon grand coui.

On appelle *canari* le vase dans lequel on fait cuire, et aussi le mets lui-même lorsqu'il est cuit; — *coui*, une moitié de calebasse servant d'assiette.

(20) Page 42.

Feintè. — Faiseur de feintes.

(21) Page 48.

. . . . Com dit conte là...

Quand un nègre cite un proverbe, il le fait toujours précéder de cet mot : *Com dit conte là* (comme dit le conte ou le proverbe).

(22) PAGE 51.

Latin ou. — C'est du latin pour vous; ce qui équivaut à : je vous mets au défi...

(23) PAGE 53.

C'est batte pè pou prend robe yo.

Adage. C'est battre le prêtre pour s'emparer de sa robe.

(24) PAGE 57.

Pôté dé gros cadave yon coup.

On dit *cadave* (cadavre) en parlant du corps, quoique animé.

(25) PAGE 68.

Macata. — C'est le nom créole de la fleur de Paradis ou poincillade.

(26) PAGE 69.

Migan. — Purée de choux caraïbes.

(27) PAGE 70.

Bass carré. — Habit à basques coupées carrément.

(28) PAGE 71.

Com lassous yon lambi ronze hè.....

La chair coriace du lambis n'est mangeable que lors-qu'elle a été battue pendant assez long-temps. On appli-

que l'épithète de *lambi ronze hè* (lambis de onze heures)
à ceux qui sont battus fort et dru, parce que tel était le
sort du lambis pêché à onze heures pour être servi, à
dîner, à midi.

(29) PAGE 72.

Dansé
Yon calcinda
Marré.

On dit proverbialement que quelqu'un a dansé un
calcinda marré pour exprimer qu'étant attaché, il a reçu
une volée de coups.

(30) PAGE 74.

Au souè, après la priè,
Quand zott baille paquet zhèbe zott.....

Sur les grandes habitations, où il y avait beaucoup
d'animaux à nourrir, chaque esclave était tenu de
fournir chaque soir une botte d'herbes. Ils en faisaient la
livraison à l'issue de la prière du soir, faite en commun.

(31) PAGE 75.

Jam com bâton-mennein chien.

C'est un bâton qui sert à retenir le chien qu'on veut
mener en laisse. — Ce bâton, fixé par un bout au collier
du chien, est retenu par le conducteur au moyen d'une
corde attachée à son autre extrémité.

On dit proverbialement d'une personne qui a les jam-
bes grêles, qu'elle a des jambes *bâton-mennein-chien*.

(32) Page 76.

Et pis moin va vini gras.

Être *gras* c'est avoir de l'argent.

(33) Page 77.

Li réponne ba li : *banane!*

Le mot est accompagné d'un geste qui s'exécute en mettant le bout du pouce sur la joue et en faisant tourner vivement la main de haut en bas. Il signifie : Je t'en souhaite !

(34) Page 80

Pou moutré li fè philosophe.

Fè philosophe, c'est faire le beau parleur, c'est l'homme qui affecte de se montrer au-dessus de sa condition.

(35) Page 82.

Yo ranne zame pou lamilice
(On rendit les armes à la milice.)

Depuis long-temps la milice de la Martinique était désarmée.

(36) Page 82.

Pendant lamisique foré.

La musique de l'ancien bataillon des milices du Fort-Royal avait reçu du peuple, je ne sais à quel propos, l'épithète de *forée.*

(37) PAGE 83.

Voyé dans grain là. — Prendre la fuite.

(38) PAGE 83.

Voltigè, centt, diri-doux.

Traduction :

Voltigeurs, fusiliers, tourlouroux.

(39) PAGE 99.

Troube. — Sornette.

(40) PAGE 101.

Dibasse. — Gros bâton.

(41) PAGE 102.

Souclian ou *soucayan.* — Sorcier ou sorcière se rendant au sabbat.

(42) PAGE 105.

Yo té *bò tè.* — Ils étaient à la côte (ils n'avaient point d'argent.

(43) PAGE 121.

Lavalasse — Habit de toile.

(44) PAGE 122.

Pou li réponne *codcinne ponne.*

On raconte qu'une demoiselle de la campagne, recevant une déclaration, répondait *codeinne ponne* à chaque doux propos que lui adressait le galant.

Cette anecdote a été mise en chanson.

(45) Page 122.

Macicouel. — On a donné ce nom aux émigrants revenant de la Trinidad (île anglaise).

(46) Page 126.

Malfini. — Mansfeni, oiseau de proie.

(47) Page 128.

Pangnien samboura. — C'est un panier dans lequel les pêcheurs mettent leur poisson. Il est quelquefois de la contenance d'un tonneau.

(48) Page 132.

Matété. — C'est un mets composé de farine de manioc et de gros sirop ou mélasse.

FIN DES NOTES.

TABLE DES MATIÈRES.

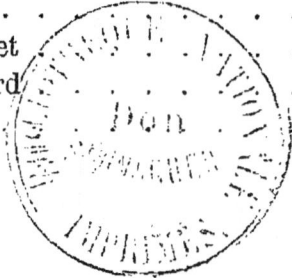

FIN DE LA TABLE.

Nevers, Imp. et Lith. Fay.

www.ingramcontent.com/pod-product-compliance
Lightning Source LLC
Chambersburg PA
CBHW072118090426
42739CB00012B/3011